거울나라의 작가들

일러두기

1. 본문 표기는 국립국어연구원 한글맞춤법규정에 따랐으며, 외래어는 외래어 표기법에 따랐다. 다만 인용문의 경우 원문 그대로 실었으므로 본문과 맞춤법이나 띄어쓰기가 다를 수 있다.
2. 본문에 인용된 문학 작품은 되도록 최근 판본을 그 대상으로 했다. 전집이 발간된 경우는 전집에서 해당 작품을 인용했다.
3. 장편소설은 『 』로, 단편소설과 시는 「 」로, 잡지나 신문은 〈 〉로 각각 표기했다.

대화적 관계로 본 문학 이야기

거울나라의 작가들

최재봉 지음

한겨레출판

차례

- 들어가는 말   6
1. 너와 나 그리고 또 누구   9
2. 대합실 밖에는 밤새 송이눈이 쌓이고   17
3. 변두리 인생들의 겨울나기   29
4. 살아가는 걸까, 살아지고 있는 걸까   39
5. 그녀의 사랑을 시험에 들게 하지 말라   49
6. 그림자놀이의 종말   63
7. 누가 그녀에게 돌을 던지나   77
8. 인텔리로 사는 괴로움 vs 인텔리를 보는 지겨움   87
9. 메밀꽃 필 무렵, 아비와 아들은   95
10. 나란히 앉아 한곳을 바라보다   103

11	재가 된 신부의 한을 누가 풀어줄 것인가	111
12	구보씨, 문학사를 거닐다	119
13	고전, 소설의 오래된 미래	135
14	교실의 독재자는 어떻게 쫓겨났는가	151
15	회색인과 자유주의자의 역사 읽기	165
16	수로부인과 칠번국도를 달리다	185
17	늙은 심청아 웃은 까닭은?	195
18	허생의 공과 과를 묻는다	207
19	압구정동에서 속초까지 — '오징어'의 길	217
20	그대, 꽃다발을 받으시려는가	227
	나오는 말	236

들어가는 말

　　　　　　문학 작품은 어떻게 태어나는가. 그것은 물론 창작자의 상상력의 산물이지만, 그렇다고 해서 그 상상력이 순전한 허구에 기반하는 것은 아니다. 제아무리 독창적이고 천재적인 두뇌의 소유자라 할지라도 그의 상상력은 어디까지나 그가 발 딛고 있는 사회라는 거푸집에서 빚어지게 마련이다. 작가의 상상력은 사회적 맥락과 무관할 수 없는 것이다. 그러므로 문학 작품이란 작가의 상상력이 사회적 맥락과 맞부딪쳐 피워 올린 불꽃이라 하겠다. 사회적 맥락을 다른 말로 콘텍스트 또는 매트릭스라 할 수 있으리라.

　여기에다가 동서고금의 문학 작품들이라는 또 하나의 범주를 추가해 보면 어떨까. 문학 작품은 작가의 상상력과 사회적 맥락에서만 비롯되는 것이 아니라 선행 작품들의 모방과 극복을 통해서도 태어난다고 할 수 있지 않을까. 세상의 모든 시인·소설가 들이 선행 작가와 작품의 독서로써 문학 수업을 시작한다는 사실은 잘 알려져 있다. 잘 쓰기 위해서는 먼저 충분히 읽어야 하는 것이다. 독서 과정에서 문인들은 자신이 대결하거나 넘어서야 할 대상을 숙지하게 되며, 그것은 나중에 그들이 자신의 작품을 쓰게 될 때 어떤 식으로든 흔적을 남기게 마련이다.

요컨대 하나의 문학 작품은 다른 작품(들)과 대화적 관계에 놓인다고 할 수 있다. 그런 의미에서 기성의 작품들은 새롭게 태어나는 문학 작품에 대해 또 하나의 환경, 즉 매트릭스로서 구실하게 되는 것이다(그런 매트릭스 가운데 가장 강력하고 유명한 것이 성서와 불경 같은 종교 텍스트, 그리고 그리스·로마 신화와 『사기』『삼국지』 같은 동양의 고전들일 것이다). 극단적으로 말하자면 문학이라는 공화국의 주민으로서 하나의 문학 작품은 나머지 작품 모두를 반영한다 하겠다. 그것은 흡사 불교에서 말하는 인드라망의 그물코와도 같은 형상이다. 하나의 구슬에 다른 모든 구슬이 비치는 구슬들의 망 말이다.

하나의 작품이 선행 작품을 크게 의식하고서 쓰여지는 가장 흔한 사례는 패러디일 것이다. 패러디는 기존 작품을 의도적으로 흉내 내거나 비틀어서 새로운 효과를 내는 방법을 가리킨다. 그러나 꼭 패러디가 아니더라도 둘 또는 셋 이상의 작품 사이에 모방 내지는 습합의 관계가 성립하는 경우는 적지 않다. 문학사에 대한 의식이 민감한 작가일수록 선행 작품을 대화 상대로 삼아 자신만의 새로운 작품을 빚어내는 일이 잦다.

이 책에서는 이렇게 어떤 작품이 다른 작품(들)을 드러내거나 암시하는 경우를 '거울 관계'라 하고, 그런 작품의 창작자들을 '거울

나라의 작가들'이라 부르기로 한다. 거울 나라의 작가들 사이에서는 어떤 대화적 관계가 맺어지는지, 그 결과 탄생한 작품으로는 어떤 것이 있는지를 살펴보도록 하자. 어떤 작품들은 거울 관계에 있는 다른 작품(들)과 함께 검토할 때 한결 다층적이고 심층적인 이해가 가능해진다. 한 인간을 이해하기 위해 그의 가족관계와 교우관계 등을 두루 파악하는 것과 같은 이치다. 자, 당신은 지금 거울 나라의 입구에 서 있다.

1
너와 나 그리고 또 누구

────── 신경숙(1963~)의 단편소설 「지금 우리 곁에 누가 있는 걸까요」와 남진우(1960~)의 시 「겨울 저녁의 방문객」을 비교해 가며 읽는 일은 흥미로운 독서 체험을 선사한다. 신경숙의 단편은 그의 소설집 『딸기밭』(2000)에 실려 있고 남진우의 시는 시집 『타오르는 책』(2000)에 들어 있다.

부부 사이인 두 사람의 소설과 시가 나란히 겨울밤을 배경으로 단둘이 생활하는 부부를 등장시키고 있다는 점이 우선 눈에 뜨인다(남진우의 시에 등장하는 '그대'와 '나'가 부부 사이인지는 명확하지 않지만, 정황상 부부로 보는 게 타당해 보인다). 무엇보다 남진우의 시에 나오는 "지금 우리 곁에 누가 있는 걸까요"라는 '그대'의 말은 바로 신경숙 소설의 제목이 아니겠는가. 그렇다면 두 소설과 시는 영향 관계 내지는 대화적 관계에서 태어난 것이라고 볼 수 있겠다.

신경숙의 단편에서 두 젊은 부부는 2년 전에, 태어난 지 7개월 된 딸을 수두로 잃은 아픔을 겪은 후유증을 앓고 있다. 그 뒤 여자는 사는 일에 마음을 붙이지 못하고 등산모임을 따라 온갖 산을 섭렵하고 돌아다닌다. 그 여자를 더욱 힘들게 하는 것은 남편이다. 한때

출판사에 근무했던 여자가 소설가인 '선생님'에게 쓴 편지 형식을 취한 이 작품에서 여자는 "딸아이를 잃고도 아무 일 없었다는 듯이 회사에 충실하고 친구들과 만나 술을 마시고 가족 모임에도 변함없이 얼굴을 내미는 남편이 견딜 수 없어졌어요"라고 말한다. 부모를 잃은 천붕(天崩)의 슬픔에 필적할 것이 자식을 앞세우는 참척(慘慽)의 고통일진대, 하나뿐인 딸을 여의고도 멀쩡하게 일상생활을 영위하는 남편이 그 여자에게는 납득하기 어려웠던 것이다. 여자는 심지어 "우리에게 아무 일도 없었다는 듯이 미래를 설계하는 그 사람이 저는 제 남편 같지가 않았어요"라고까지 쓴다. 결혼식장에서 주례 선생님과 부모님, 하객들 앞에서 하는 '검은 머리가 파뿌리가 될 때까지, 슬플 때나 기쁠 때나 즐거울 때나 괴로울 때나 서로 사랑하며 살겠노라' 는 맹세에 심각한 균열이 온 것이다.

이렇듯 딸아이의 죽음 이후 갈수록 서로에게 거리감을 느끼며 위기로 치닫고 있는 부부가 어느 겨울 새벽에 모처럼 대화를 나누게 된다. 계기는 남편이 들었다는 누군가의 문 두드리는 소리. 그러나 의아해하며 열어 본 현관 문 밖에는 아무도 없었고, "시어머니가 심어준 모과나무 밑에 눈이 소복"히 쌓여 있을 뿐이다.

부부는 각자의 방으로 돌아가 고독한 잠을 청하려 하는데, 이번에는 아내 쪽에서 무슨 소리를 듣는다. "욕조에 받아놓은 물이 찰바거리는 소리"였다. 그 소리에서 욕소에 늘어가 놀기를 좋아했던 딸아이를 떠올린 아내가 남편을 불러 세면장을 확인해 보지만, "세면장 창문으로 새어들어온 흰 눈빛이 욕조를 희뿌옇게 비추고 있을 뿐"이었다. 이번은 아내 쪽의 실수(?).

다시 각자의 방으로 돌아가 잠을 청하려던 부부는 어느 순간, 마침내 똑같이 무슨 소리인가를 듣고는 약속이나 한 듯 부엌 냉장고 앞으로 간다. 그러고는 자신이 들은 것을 상대방에게서 확인하려 한다.

"당신도 들었나요?"
"당신도?"
"네."

— 신경숙, 「지금 우리 곁에 누가 있는 걸까요」

그들이 함께 들었다는 것은 다름 아니라 죽은 딸아이의 옹알이 소리였다. 생전에 아이는 냉장고 안에서 맛난 것을 꺼내 먹여 달라는 말을 대신해서 옹알이를 했던 것.

이렇게 두 사람이 같은 소리를 들었다는 것을 확인한 뒤에야 남편의 추워 보이는 맨발이 아내의 눈에 들어온다. "어두운 부엌 냉장고 앞에 길을 잃은 사람들처럼 서 있"던 두 사람이 대화를 이어 간다.

"잊고 있었어…… 그날이 오늘이더군."
"……"
"당신은 알고 있었어?"

"네."

— 신경숙, 「지금 우리 곁에 누가 있는 걸까요」

'그날'이란 무슨 날이겠는가. 바로 2년 전 딸아이를 떠나보낸 날이었던 것.

아내는 2년 전에 했어야 할 질문을 그제야 남편에게 건넨다. "아이를 어떻게 했어요?" 혼자서, 산에 묻었다는 남편의 대답을 듣고서야 아내는 자신이 그토록 산을 탐했고 산에만 가면 마음이 평온했던 까닭을 짐작할 수 있게 된다. 그리고 대답 끝에 입을 비틀며 울기 시작하는 남편. 아내는 그동안 남편 혼자 감당해야 했던 슬픔과 아픔을 뒤늦게 이해하게 된다.

이 눈물을 다 감추느라고 제가 산에 다니는 동안 이 남자는 그리 반듯하게 살았던 게지요. (……) 그 모든 일을 자연스럽게 수행하기가 저처럼 아예 안 하기보다 훨씬 힘들었겠구나 깨달았습니다.

— 신경숙, 「지금 우리 곁에 누가 있는 걸까요」

이윽고 두 사람은 "눈빛이 하얗게 퍼진 부엌의 냉장고 앞에서 이 년 만에 사랑을" 나눈다. 다시 '눈빛'이 등장하는 것에 주목하자. 이 겨울 새벽 두 사람의 화해와 사랑의 드라마에 입회하고 있는 눈빛이란 무엇이겠는가. 그것은 바로 2년 전에 세상을 뜬 딸아이의 영혼이 아니겠는가. 자식의 죽음 이후 벽을 쌓고 균열을 만들었던 두 사람 사이에 "그것(자신의 것에 못지않은 남편의 고통)을 알게 해 주려고 방문객은 그 세찬 눈보라를 뚫고 찾아온 것"(괄호 안은 필자)이었다. 그리고 "눈보라를 뚫고 제게 왔던 방문객이 구월이면 태어난다고" 여자는 뒷이야기를 전한다. 그러니까 눈빛(방문객)은 2년 전에 수두로 죽은 딸아이이자 새롭게 잉태된 그 아이의 동생이기도 한 것이다. "어쩔 수 없는 상실로 마음을 닫아건 사람들에게 눈보라를 뚫고 우리를 찾아왔던 방문객의 존재를 알려주고 싶"다고 여자는 편지를 마무리한다.

소설의 마지막 대목에 등장하는 '방문객'이라는 표현은 자연스럽게 남진우의 시「겨울 저녁의 방문객」을 떠오르게 한다. 남진우의 시에서도 자정 가까운 시각 둥근 식탁에 마주 앉아 늦은 저녁을 먹고 있던 두 사람에게 어떤 방문객이 찾아온다. 그렇지만 신경숙의 소설에서와 마찬가지로 이 방문객 역시 눈에 보이거나 손으로 만져지는 실체는 아니다. 그래서 '그대'는 식탁을 치우며 "지금 우리 곁에 누가 있는 걸까요"라고 질문하고, '나' 역시 "누구인가 식탁을 마주하고 있는 그대와 나/ 우리 말고 우리 곁에 있는 그는"이라며 궁금증을 표하는 것이다.

신경숙 소설에서 남편과 아내의 환청을 거치면서 조금씩 방문객의 존재가 확인되어 가는 반면, 남진우의 시에서는 방문객의 정체와 관련한 더 이상의 정보는 주어지지 않는다. "우리 곁에 없으면서 우리 곁에 있는/ 그"는 "조용히/ 우릴 바라보며 우리 이야기를 들고 있"을 뿐, 신경숙 소설의 죽은 자식 같은 구체적인 대상으로 특정되지는 않는다. 이것이 소설과 시의 차이라면 차이일 수도 있겠다.

남진우의 시에서 누군가가 곁에 있거나 집 쪽으로 오고 있다고 주장하는 것은 '그대' 쪽이다. '나'는 "이 방 안엔 아무도 없어／ 이런 이야기를 하는 너와 나밖엔 아무도 없는 거야"라며 '그대'의 불안한 궁금증을 가라앉히려 한다. 그렇다면 그 누군가는 과연 누구일까.

> 어쩌면 그는 없었던 것인지도 모른다 그는 다만 내가 지어낸
> 하나의 이야기에 지나지 않을 뿐
> 나와 그대 사이 건너갈 수 없는 시간의 저편에서
> 우리의 모습을 엿보고 우리의 말을 엿듣는
> 그는 어쩌면 환영에 불과할지도 모른다
>
> ─ 남진우, 「겨울 저녁의 방문객」

눈에 보이지 않고 손으로 만져지지 않는 누군가란 과연 지어낸 이야기요 환영에 지나지 않는 것일지도 모른다. 그렇지만 남진우 시의 마지막 연은 그런 과학적이고 합리적인 결론을 배반한다.

> 그러나 그날 저녁
> 식탁가에는 세 개의 의자가 졸고 있었다

희미한 등잔 불빛 아래 점점 넓어지는 방안

그가 앉았다 일어난 자리에 떨어져 빛나고 있는

창백한 머리카락 한 점

— 남진우, 「겨울 저녁의 방문객」

    볼 수도 없고 만질 수도 없는 그 누군가는 자신이 앉았던 자리에 떨어진 머리카락 한 점으로 자신의 존재를 강력하게 환기시킨다. 그렇다면 그 머리카락의 주인은 누구일까. 우리의 삶을 관찰하고 감시하는 목격자이자 감청자로서 그는 혹시 남진우의 시에 종종 등장하는 모종의 신적인 존재 또는 절대자가 아닐까. 물리적으로 확인되지는 않지만 끊임없이 그 존재를 의식하게 만든다는 점에서 그는 라캉이 말하는 대타자(大他者, the Other)를 떠오르게도 한다. 이야기(환영)일까 절대자(대타자)일까. 아니 그 둘은 실은 동일한 것의 다른 이름이 아닐는지. '나'가 지어낸 이야기 속 피조물이자, '우리'를 감시하는 창조주이기도 한 '그'. 어느 겨울밤 신경숙과 남진우 부부를 찾아갔던 그는 지금 이 순간도 우리 곁에 있다.

신경숙, 「지금 우리 곁에 누가 있는 걸까요」, 『딸기밭』, 문학과지성사, 2000
남진우, 「겨울 저녁의 방문객」, 『타오르는 책』, 문학과지성사, 2000

2

대합실 밖에는
밤새 송이눈이 쌓이고

막차는 좀처럼 오지 않았다

대합실 밖에는 밤새 송이눈이 쌓이고

흰 보라 수수꽃 눈시린 유리창마다

톱밥난로가 지펴지고 있었다

그믐처럼 몇은 졸고

몇은 감기에 쿨럭이고

그리웠던 순간들을 생각하며 나는

한줌의 톱밥을 불빛 속에 던져주었다

내면 깊숙이 할 말들은 가득해도

청색의 손바닥을 불빛 속에 적셔두고

모두들 아무 말도 하지 않았다

산다는 것이 때론 술에 취한 듯

한 두름의 굴비 한 광주리의 사과를

만지작거리며 귀향하는 기분으로

침묵해야 한다는 것을

모두들 알고 있었다

오래 앓은 기침소리와

쓴 약 같은 입술담배 연기 속에서

싸륵싸륵 눈꽃은 쌓이고

그래 지금은 모두들

눈꽃의 화음에 귀를 적신다

자정 넘으면

낯설음도 뼈아픔도 다 설원인데

단풍잎 같은 몇 잎의 차창을 달고

밤열차는 또 어디로 흘러가는지

그리웠던 순간들을 호명하며 나는

한줌의 눈물을 불빛 속에 던져주었다.

— 곽재구, 「사평역에서」

곽재구(1954~)의 1981년 〈중앙일보〉 신춘문예 당선작 「사평역에서」 전문이다. 당시 곽재구는 전남대 국문과에 재학 중이었다. 같은 해 〈서울신문〉 신춘문예 단편소설 부문 당선자 임철우(1954~) 역시 같은 대학의 영문과에 다니고 있었다(당선작은 「개도둑」). 두 사람은 대학 2년 선후배 사이(임철우가 선배)였으나 신춘문예 당선 이전에는 서로를 몰랐다고 한다(1981년의 중앙지 신춘문예에 전남대 재학생 두 사람이 동시에 당선했다는 사실은 각별한 의미를 지닌다. 1981년이란 어떤 해인가. 1980년 5월 광주의 이듬해가 아니겠는가. 그러니까 두 사람이 신춘문예 공모에 제출할 작품을 써서 보내고 당선 통보를 받은 것은 아직 1980년이 끝나기 전이었던 것이다. 이후 임철우는 여러 중단편과 다섯 권짜리 대작 장편 『봄날』을 통해 80년 5월 광주의 비극과 영웅적 투쟁을 줄기차게 형상화했으며, '오월시' 동인으로 활동한 곽재구 역시 초기 시의 현실 지향적 면모에 그해 5월의 사태가 중요한 요인으로 작용했을 터이다). 신춘문예 당선을 계기로 두 사람의 교유는 본격화했거니와, 임철우가 1983년에 발표한 단편소설 「사평역」은 그 교유의 아름다운 증거라 할 법하다.

평소 좋아하는 시를 암송하기를 즐겼던 임철우는 곽재구의 「사평역에서」 역시 다른 시들과 함께 암송 목록에 올려놓고 자주 읊조리곤 했다. 그러던 어느 날, 전남대를 졸업한 뒤 서울로 올라와 대학원에 다니고 있던 1982년 겨울께, 문득 사평역을 무대로 한 소설 한 편이 떠올랐다. 이야기는 자연스럽고 편안하게 흘러나왔다. 마치 오랫동안 머릿속에서 숙성되었다가 저절로 원고지로 옮겨지는 듯한 느낌, 다른 소설을 쓰면서는 경험하지 못한 행복이었다. 「사평역」은 그렇게 해서 탄생했다.

소설 「사평역」은 시 「사평역에서」와 같은 문장으로 시작된다. 소설이 시작되기 전에는 「사평역」의 한 대목을 제사(題詞)로 인용해놓기도 했다. 이 작품이 곽재구의 시를 소설화한 것임을 분명히 한 셈이다. 두 작품 모두 톱밥난로가 피워진 사평역 대합실을 무대로 삼아 연착하는 막차를 기다리는 사람들을 등장시킨다(사평역은 현실에는 없는 역이다. 무등산 뒷자락에 해당하는 전남 화순군 사평면이 있긴 하지만 그곳에는 역이 없다. 임철우 자신은 소설을 쓸 때 나주시 남평읍의 경전선 간이역인 남평역을 염두에 두었노라고 밝힌 바 있다). 장르의 특성상 시에 비해 소설에서 인물과 상황이 한층 구체적인 것은 물론이지만, 곽재구 시의 서사성과 임철우 소설의 서정성은 자신의 장르적 특성을 지우면서 상대방을 향해 수렴해 가는 양상을 보인다.

시의 전문은 앞에서 인용해 놓았으므로 앞으로는 임철우의 소설을 중심으로 그것이 곽재구의 시와 어떤 식으로 거울 관계를 이루는지를 집중적으로 살펴보도록 하자.

대합실 안에서 새어 나간 불빛이 유리창 가까운 땅바닥 위에 수북하게 쌓인 눈을 비추고 있다.

— 임철우,「사평역」

청년은 유리창에 반사된 톱밥난로의 불빛을 응시한다. 그 주홍의 불빛은 창유리 위에 놀랍도록 선명하게 재생되어지고 있었으므로 청년은 그것이 정작 실물이 아닌가 하는 착각을 일으킬 뻔했다. 그것은 한 폭의 그림처럼 아름다웠다. 먹빛 어둠은 화폭으로 드리워지고 네모진 창틀 너머 순백의 눈송이들이 화폭 위에 무수히 흩날리고 있다. 거기에 톱밥난로의 불꽃이 선연한 주홍색으로 부넝되어지사 한순간 그 보는 것들은 기막힌 아름다움을 이루어내는 것이었다. 아아, 저건 꿈일 것이다. 아름답지만 존재하지 않는 것, 존재하지 않으므로 아름다운 것. 청년은 불현듯 눈빛을 빛내며 한 발 창 쪽으로 다가서고 있다.

— 임철우, 「사평역」

인용한 두 대목은 곽재구 시의 2~4행에 해당한다. 대합실 밖에 수북하게 쌓이는 눈, 그리고 유리창에 비친 톱밥난로의 주홍 불빛을 묘사한 부분이다. 곽재구의 시가 1인칭 '나'를 화자로 삼아 대합실 톱밥난로 주위에서 막차를 기다리는 이들을 관찰하도록 했다면, 임철우의 소설은 전지적 작가 시점을 택해 등장인물들의 내면을 자유롭게 들락거린다(곽재구 시의 '나'가 관찰자라고는 해도 그가 관찰하는 이들의 시시콜콜한 사연은 물론 관찰자인 그 자신의 이야기 역시 시에서는 구체적으로 드러나지 않는다). 임철우의 소설에서 기차를 기다리는 대합실의 인물은 모두 아홉 명인데, 이 가운데 대학 제적생인 청년을 곽재구 시의 '나'에 해당하는 인물로 볼 수 있다. 소설에 제시된 정보를 종합해 보면 그는 사평역 인근 마을 출신으로는 유일하게 도회지의 국립대학에 진학한 '수재'였으며, 다섯 동생과 가난한 집안의 기대에도 불구하고 대학에서 학생운동에 가담했다가 한 달 동안 유치장 신세를 진 끝에 결국 3학년을 끝으로 제적되고 말았다. 그가 곽재구 시의 화자에 해당한다는 것은 그가 자신을 포함한 대합실의 인물들이 놓인 팍팍하고 막막한 현실에도 불구하고 그 속에서 일말의 아름다움을 보는 인물이라는 사실에서 짐작할 수 있다(또한 바로 그 점에서 문학부 소속인 이 대학생은 임철우 소설의 힘, 나아가 문학의 힘을 담보하는 인물이라고 할 수도 있겠다). 앞서 인용한 부분에서도 그러하지만, 다음의 두 대목 역시 아름다움에 유독 민감한 청년의 감수성을 잘 보여줌은 물론 곽재구 시의 구절들이 소설적으로 어떻게 변형되는지를 알게 해 준다.

> 대학생은 방금 눈앞에 나타났다가 사라진 열차의 불빛이 아직 자신의 망막에 남아 있는 듯한 느낌이다. 그것은 어느 찰나에 피어올랐다가 소리 없이 스러져버린 눈물겨운 아름다움 같은 거였다고 청년은 생각한다. 어디일까. 단풍잎 같은 차창들을 달고 밤열차는 또 어디로 흘러가고 있는 것일까.
> ─ 임철우, 「사평역」

> 대학생은 문득 고개를 들어 말없이 모여 있는 그들의 얼굴을 하나하나 눈여겨본다. 모두의 뺨이 불빛에 발갛게 상기되어 있다. 청년은 처음으로 그 낯선 사람들의 얼굴에서 어떤 아늑함이랄까 평화스러움을 찾아내고는 새삼 놀라고 있다. 정말이지 산다는 것이란 때로는 저렇듯 한 두름의 굴비, 한 광주리의 사과를 만지작거리며 귀향하는 기분으로 침묵해야 하는 것인지도 모른다.
> 청년은 무릎을 굽혀 바께쓰 안에서 톱밥 한 줌을 집어 든다. 그리고 그것을 난로의 불빛 속에 가만히 뿌려 넣어본다. 호르르르. 뻬비꽃이 피어나듯 주황색 불꽃이 타오르다가 이내 사그라져 들고 만다.
> ─ 임철우, 「사평역」

소설이 시작되는 시점에서, 7시 45분 도착 예정이던 막차는 삼십 분째 연착하고 있다. 오지 않는 기차를 기다리는 대합실의 인물은 모두 다섯. 대학 제적생 청년과 중년 사내, 오래 앓아 오던 병이 악화되어 도회지의 병원을 찾아가는 중늙은이와 그의 아들인 농부 부자, 그리고 대합실 찬 나무의자 위에 벌렁 누워 있는 미친 여자가 그들이다. 아들에게 기대어 난롯가를 지키고 앉아 시종 콜록거리는 중늙은이의 기침은 곽재구 시의 "오래 앓은 기침소리"를 떠올린다. 역장으로서도 처음 보는 중년 사내인즉 교도소에서 열두 해를 살고 얼마 전에 출옥한 인물. 그는 감방에서 만난 사상범 허씨의 부탁으로 그의 노모와 가족들을 찾아 이곳에 왔던 길이지만, 노모는 벌써 5년 전에 세상을 버렸고 다른 가족들 역시 고향을 떴다는 사실을 확인한 채 돌아가는 참이다. "(그가 들고 온) 그 보통이엔 한 두름의 굴비, 그리고 낡고 때묻은 내복 따위 같은 사내의 옷가지가 들어 있을 뿐"(괄호 안은 필자)이라는 구절은 곽재구 시의 "한 두름의 굴비 한 광주리의 사과를/ 만지작거리며 귀향하는"에 대응하는 셈이다.

열차 도착 예정 시각에서 한 시간여가 지날 즈음, 네 명의 여자가 대합실에 새롭게 출현한다. 그들은 망월재를 넘어가는 버스를 기다리다가 눈 때문에 버스가 다니지 않는다는 말을 듣고 뒤늦게 기차역으로 달려온 것. 이들 중 두 사람은 각각 옷가지와 해산물을 들고 다니며 파는 행상이고, 나머지 둘은 서울에서 온 이들이다. "눈부시게 흰 밍크 목도리와 값비싼 코트를 걸친" 뚱뚱한 여자는 자신의 식당 주방에서 일을 하다가 금고의 돈을 챙겨 달아났던 사평댁을 잡으러 내려왔던 터였다. 그러나 막상 대면해 보니 사평댁의 가긍한 처지가 하도 딱해서 오히려 지니고 있던 돈을 쥐여준 채 돌아선 길이었다. 한편 이곳 출신으로 신촌 민들레집 작부로 있는 춘심이(본명은 옥자)는 3년 만에 귀향해서 식구들을 만나고 서울로 돌아가는 길. 식구들에게는 화장품 회사에 다닌다고 거짓말을 했지만 믿는 눈치는 아니었다.

  이렇게 해서 미친 여자를 제한 나머지 여덟 사람의 인물과 사연이 차례로 소개되었고 그들 사이에 소소한 대화 몇 마디가 오가긴 했지만, 난로를 둘러싸고 모여 앉은 그들은 대체로 말이 없다. 곽재구의 시에서 "내면 깊숙이 할 말들은 가득해도/ 청색의 손바닥을 불빛 속에 적셔두고/ 모두들 아무 말도 하지 않았다"고 표현된 정황이 소설에서는 이렇게 그려진다.

>   사람들은 누구도 입을 열지 않는다. 대합실 벽에 붙은 시계가 도착 시간을 한 시간 반이나 넘긴 채 꾸준히 재깍거리고 있었지만 누구 하나 눈여겨보는 사람은 없다. 창밖엔 싸륵싸륵 송이눈이 쌓여가고 유리창마다 흰보라빛 성에가 톱밥난로의 불빛을 은은하게 되비추어내고 있을 뿐.
>   사람들은 약속이나 한 듯 말을 잊었다. 어쩌면 그들은 열차를 기다리고 있다는 사실조차 망각하고 있는 것인지도 모른다. 중년 사내는 담배를 입에 문 채 성냥불을 댕기려다 말고 멍하니 난로의 불빛을 들여다보고 있다. 노인을 안고 있는 농부도, 대학생도, 쭈그려 앉은 아낙네들도,

> 서울 여자도, 머플러를 쓴 춘심이도 저마다 손바닥들을 불빛 속에 적셔
> 두고 망연한 시선을 난로 위에 모은 채 모두들 아무 말도 하지 않았다.
>
> ─ 임철우, 「사평역」

이런 상황에서 누구라고 특정되지 않는 인물의 입에서 나온 "흐유, 산다는 게 대체 뭣이간디……"라는 질문성 독백은 "산다는 것이 때론 술에 취한 듯"에서부터 "침묵해야 한다는 것을/ 모두들 알고 있었다"까지의 곽재구 시 허리 부분에서 대답을 얻는 형국이다. "사평역을 경유하는 야간 완행열차는 두 시간이나 지난 후에야 도착했다." 그사이에 상하행선 한 차례씩 두 대의 급행열차가 이 간이역을 무정차 통과했고, 대합실의 사람들은 그때마다 간이역과 완행열차에나 비끄러매어져 있는 자신들의 남루한 처지를 새삼 돌아보았을 터였다. 어쨌거나, 비록 예정 시각보다 두 시간이 늦었을망정, 기다리던 열차가 도착했고 대합실의 아홉 사람은 각자의 목적지와 안쓰러운 희망을 향해 기차에 오른다. 아니, 사실은 기차를 타지 않고 대합실에 남은 한 사람이 있었다.

> 미친 여자였다. 지금껏 난로 곁에 가지 않았던 유일한 사람이었던 그
> 녀는 이제 난로를 독차지한 채, 아까 병든 늙은이가 앉았던 의자에 비스
> 듬히 앉아 잠들어 있었다.
>
> ─ 임철우, 「사평역」

소설에서 다른 여덟 사람에 관한 정보가 많건 적건 제시된 반면, 미친 여자에 관해서는 거의 아무런 정보도 주어지지 않는다. 그 여자 혼자 대합실에 남은 소설 마지막 장면에서야 "이따금 그녀가 이 마을을 찾아왔다가는 열차를 타고 떠나곤 했다"는 정도의 희미한 정보가 제시될 따름이다. 그 여자가 누구이고 왜 미친 것인지를 독자는 알 수가 없다. 그럼에도 그 여자를 광기의 암흑 속으로 밀어 넣은 것이 5·18 광주학살일 것이라는 하나의 추측이 가능하다(아울러, 소설의 중심 인물인 대학생의 제적 역시 어떤 식으로든 5월 광주와 관련되어 있을 것으로 짐작된다). 그러니까 임철우의 소설 「사평역」의 미친 여자는 최윤(1953~)의 중편 「저기 소리 없이 한 점 꽃잎이 지고」(1988)의 실성한 소녀의 '선배'에 해당한다고 볼 수 있다. 최윤의 소설에서, 비록 간접적이고 상징적인 방식으로긴 하지만, 소녀를 실성에 이르게 한 원인이 5월 광주의 참극이라는 사실이 드러나는 데 비해 임철우의 소설에서 그 점이 모호하게 처리된 것은 이 소설이 발표된 시점과 무관하지 않다. '광주'의 기역자도 꺼내기 힘들었던 당시의 엄혹한 상황에서 작가는 5·18이 남긴 상처와 고통을 막연한 광기로밖에는 표현할 수 없었던 것이다. 이렇게 본다면 소설 말미에서 모두들 떠난 대합실에 홀로 남은 미친 여자, 그리고 그 여자를 위해 난로를 끄는 대신 톱밥을 더 넣어 주는 역장의 행위는 모종의 정치적 의미를 지니게 된다.

아마 그 여자에겐 갈 곳이 없었을지도 모른다. 그녀에게 있어서 출발이란 것은 이 하룻밤, 아니 단 몇 분 동안이나마 홀로 누릴 수 있는 난로의 따뜻한 불기만큼의 의미조차도 없는 까닭이리라.

— 임철우, 「사평역」

도식화해서는 곤란하겠지만, 사평역 대합실의 톱밥난로와 유리창에 비친 그 불빛은 공동체의 나약한 희망을 상징한다고 볼 수 있다. 제적 대학생이 난로 주위의 사람들을 보면서 아늑함과 평화를 느끼고 유리창에 비친 난로 불빛에서 아름다움을 목격하는 것이 그 증거다(그 난로의 온기를 마지막 순간에 미친 여자에게 오롯이 할애하는 데에서 약자와 소외된 이들에 대한 작가의 따뜻한 시선을 엿볼 수 있다). 유리창에 비친 난로 불빛을 두고 대학생이 "아름답지만 존재하지 않는 것, 존재하지 않으므로 아름다운 것"이라 표현할 때 그는 임철우 소설의, 아니 사실은 문학 자체의 확고한 지향을 선포하고 있는 셈이다. 곽재구의 시에서는 마지막 두 줄 "그리웠던 순간들을 호명하며 나는/ 한줌의 눈물을 불빛 속에 던져주었다"가 그에 해당할 것이다. 이렇게 본다면 시 「사평역에서」와 소설 「사평역」은 두 동갑내기 문인의 아름다운 우정의 증거이자 일종의 문학적 출사표라 하겠다.

곽재구, 「사평역에서」, 『사평역에서』, 창작과비평사, 1983
임철우, 「사평역」, 『아버지의 땅』, 문학과지성사, 1996

3
변두리 인생들의 겨울나기

──── 한창훈(1963~)의 두 번째 소설집 『가던 새 본다』(1998)에 실린 단편 「1996 겨울」은 김승옥(1941~)의 단편 「서울 1964년 겨울」(1965)의 강력한 자장 아래 놓여 있다. 서울이 아닌 지방 소도시를 배경으로 삼은 이 소설은 말하자면 「서울 1964년 겨울」로부터 한 세대쯤 뒤의 겨울 풍경을 그리고 있다.

두 작품의 겨울 풍경이 내비치는 공통점은 제법 여럿이다. 우선, 양쪽 모두 우연하고도 즉흥적인 계기로 한 덩어리가 된 세 남자를 등장시킨다. 김승옥의 단편에서는 구청 병사계에 근무하는 '나(김)'와 대학원생인 '안', 그리고 스물다섯 살인 이 둘보다 열 살 정도 연상으로 보이는 허름한 몰골의 사내가 거리의 포장 친 선술집에서 처음으로 마주친다. 한창훈의 단편에서는 공단의 잡부인 나이 지긋한 사내와 삼수생인 청년, 그리고 무명의 소설가인 '나'가 이본 동시 상영 극장에서 같은 영화를 본 인연으로 어울려 술을 마신다.

두 소설의 인물들이 겨울 추위에 수반되는 막연한 불만과 불안감에 시달리고 있다는 점 역시 공통적이다. 「서울 1964년 겨울」에서 대학원생 안은 비교적 유복한 집안 출신임에도 집에서는 어쩐지 답답하고 무언가에 묶여 있는 듯한 느낌 때문에 추운 겨울 거리로 나선다("밤이 됩니다. 난 집에서 거리로 나옵니다. 난 모든 것에서 해방된 것을 느낍니다."). 그는 동갑내기이긴 하지만 생전 처음 보는 사이인 '나'에게 "꿈틀거리는 것을 사랑하십니까?"라는 질문을 던지고, 어떤 꿈틀거림을 말하느냐는 반문에 이렇게 답한다.

"어떤 꿈틀거림이 아닙니다. 그냥 꿈틀거리는 거죠. 그냥 말입니다. 예를 들면…… 데모도…….."

— 김승옥, 「서울 1964년 겨울」

그가 흘리듯 말한 데모란 이 소설의 배경 연도인 1964년 봄에서 여름 사이에 대학생들을 중심으로 확산되었던 '대일 굴욕외교 반대' 데모를 가리킬 것이다. 6·3 사태라고도 일컬어지는 그 데모는 박정희 군사정권이 꾀하던 일본과의 굴욕적인 수교에 분개해서 일어난 시위였다.

그런 '안'과 먼저 말을 섞은 '나' 인즉 본래 사관학교를 지망해 시험까지 치렀지만 낙방한 적이 있으며 그것을 지금까지 두고두고 아쉬워하고 있는 참이다. 그런가 하면 뒤늦게 두 사람과 일행이 된 삼십대 사내는 급성 뇌막염으로 죽은 아내의 주검을 대학병원에 팔고서 혼자 괴로워하고 있는 중이었다.

한편 「1996 겨울」의 나이 지긋한 잡부는 아내와 잠자리를 하려 할 때마다 발기가 되지 않는 증상 때문에 고통스러워하고 있으며,

'나'는 소설이 써지지 않아 괴로워하고 있고, 삼수생은 공부에 전념하지 못해 변두리 극장을 찾은 터였다. 특히 세 사람은 포르노에 가까운 외국 영화를 사정없이 가위질하는 바람에 "여탕 수챗구멍에는 흔해빠지고도 남았을 터럭 몇가닥"을 끝내 보여주지 않는 검열 당국을 향해 맹렬한 분노를 터뜨린다.

> 올바른 국민정서와 청소년의 건강한 의식함양이란 쉰내 나는 문구(文句)만으로 평생을 밥 빨아먹고 살 게 뻔한 공연윤리 심사위원들에게 우리가 할 수 있는 게 그 한마디 말(씨팔놈들) 외에 무엇이 있겠는가. (괄호 안은 필자)
>
> — 한창훈, 「1996 겨울」

이 소설의 세 주인공이 찾아 들어간 대폿집의 텔레비전에서 "오늘 새벽 신한국당 단독으로 노동법과 안기부법을 기습 처리했는데 시간이 육분밖에 걸리지 않았다는 뉴스"가 흘러나오는 장면은, 김승옥 소설에서의 6·3 사태에 관한 간접적인 언급과 마찬가지로, 등장인물들이 느끼는 무력감과 분노의 배경에 암울한 정치적 상황이 자리하고 있음을 알려준다.

32년의 시차를 두고 쓰여지고 발표된 두 작품 사이의 영향 관계는 곳곳에서 확인할 수 있다. 우선 두 소설의 첫 대목부터가 유사한 분위기를 풍긴다.

1964년 겨울을 서울에서 지냈던 사람이라면 누구나 알 수 있겠지만, 밤이 되면 거리에 나타나는 선술집—오뎅과 군참새와 세 가지 종류의 술 등을 팔고 있고, 얼어붙은 거리를 휩쓸며 부는 차가운 바람이 펄럭거리게 하는 포장을 들치고 안으로 들어서게 되어 있고, (……) 그러한 선술집에서, 그날 밤, 우리 세 사람은 우연히 만났다.

— 김승옥, 「서울 1964년 겨울」 첫 문장

싸락눈이 내리는 겨울에 이처럼 이븐 동시상영 극장에 와본 사람은 이곳이 얼마나 추운 곳이라는 것을 알 것이다.

— 한창훈, 「1996 겨울」 앞부분

싸구려 극장에서 만난 「1996 겨울」의 세 사람이 대폿집으로 옮겨 가는 데서부터 두 소설 사이의 유사성은 한결 긴밀해진다. 그리고 그것은 전적으로 후배 작가인 한창훈의 오마주 차원의 흉내 내기에 따른 것이다. 가령 한창훈의 소설에서 '나'는 자신이 소설가라는 사실을 다른 두 사람에게 밝히면서 "굳이 말하지 않아도 됐겠지만 우리가 술집까지 걸어온 풍경, 즉 겨울바람 속을 뭐 하나 내세울 것 없는, 서지도 않거나 서봤자인 세 명의 남자로 인해 1964년 서울의 그 허허롭고 스산했던 겨울을 이야기한 소설 하나를 떠올리며 조금 솔직해졌던 거였다"라며 대놓고 「서울 1964년 겨울」을 걸고넘어진다. 또 일행이 대폿집에 도착한 뒤에는 "참새가 있었다면 몇 마리 구워 달라고 해볼 만했지만"이라고 부연하는데, 이것이

오뎅과 군참새 등을 팔았던 김승옥 소설의 포장마차를 떠올린 진술임은 물론이다. 이 작품의 말미에서 역시 '나'가 "어디 불난 데 없나?"라며 불구경 가고 싶다는 말을 할 때도 그는 "나도 모르게 1964년 겨울을 이야기한 소설을 떠올린 거였다."

그런가 하면 이런 대목들은 어떤가.

> 중국집에서 거리로 나왔을 때는 우리는 모두 취해 있었고, 돈은 천원이 없어졌고 사내는 한쪽 눈으로는 울고 다른 쪽 눈으로는 웃고 있었고, 안은 도망갈 궁리를 하기에도 지쳐버렸다고 내게 말하고 있었고, 나는 "악센트 찍는 문제를 모두 틀려버렸단 말야, 악센트 말야"라고 중얼거리고 있었고, (……)
>
> ─ 김승옥, 「서울 1964년 겨울」

> 사내는 서지 않는다고 했고 삼수생은 공부가 전혀 안 된다며 마음 잡아야죠, 소리만 연거푸 뱉어냈으며 나는 소설이 써지지 않는다고 말했다.
>
> ─ 한창훈, 「1996 겨울」

합해서 여섯인 이 겨울 남자들이 즉흥적인 동아리를 이루긴 했지만 바른 의미에서의 공동체에는 이르지 못하고 각자의 상처와 고민에 시달리는 단자적 개인으로서 철저히 고립, 단절되어 있는 상태임을 인용문들은 잘 보여준다. 이렇게 허술하고 무목적으로 결합된 무리이기 때문에 술집에서 나온 그들은 "아무 데도 갈 데가 없었"(「서울 1964년 겨울」)으며 "갈 곳이 없었다."(「1996 겨울」)

김승옥의 소설에서 세 사람은 아내의 주검을 팔아 받은 돈을 그 날 중으로 다 써 버려야 한다는 사내의 제안에 따라 택시를 타고 불자동차를 쫓아가서는 페인트 상점의 화재를 구경한다. 한창훈 소설의 '나'가 불구경 운운한 것은 바로 이 대목을 겨냥한 것이다. 택시를 타고 불구경을 하러 가는 길에 '안'은 사내에게 '종삼' 사창가로 가서 돈을 다 써 버리자고 제안하지만 사내의 경멸적인 웃음 앞에 무산되고, 결국 사내는 남은 돈을 타오르는 불길 속에 던져 버린다. 한창훈의 소설에서도 대폿집에서 나온 일행이 갈 곳 없어 하자 발기부전의 늙다리 사내는 "우리 오입이나 하러 갈까?" 하는 제안을 내놓지만 이 역시 받아들여지지 않는다.

> 여관에 들어서자 우리는 모든 프로가 끝나버린 극장에서 나오는 때처럼 어찌할 바를 모르고 거북스럽기만 했다.
>
> ― 김승옥, 「서울 1964년 겨울」

상처한 사내의 바람대로 돈을 모두 써 버린 세 사람이 함께 여관에 들었을 때를 묘사한 인용문은, 그럴 리가 없겠지만, 어쩐지 한창훈 소설의 앞부분을 염두에 둔 대목처럼 읽히기도 한다. 각자 방 하나씩을 얻어 든 여관에서 사내는 결국 자살한 시체로 발견되고, 다음날 아침 스물다섯 살짜리 두 청년은 처음 만났을 때와 마찬가지로 계통도 기약도 없이 헤어진다.

버스에 올라서 창으로 내다보니 안은 앙상한 나뭇가지 사이로 내리는 눈을 맞으며 무언지 곰곰이 생각하고 서 있었다.

—「서울 1964년 겨울」 마지막 문장

즉흥적인 공동체의 최후가 어설프고 쓸쓸하기는 「1996 겨울」 역시 마찬가지다.

우리는 그 너절한 눈을 피하기 위해 눈을 향해 아무렇게나 걸어가기 시작했다. 비틀비틀 몸을 흔들며 빙판에 꽈당 넘어진 사내를 붙잡아 일으켜세우며 어디론가로 걸어가기 시작한 거였다.

— 한창훈, 「1996 겨울」 마지막 문장

김승옥의 「서울 1964년 겨울」과 한창훈의 「1996 겨울」은 30년 남짓한 시차를 두고 쓰여졌으나 어쩐지 비슷한 구도와 분위기를 지니고 있다. 양쪽 모두 사회의 주변부를 배회하는 인물들을 등장시켜 그들이 느끼는 불만과 불안을 스산하게 점묘한다. 등장인물들의 무목적적이고 방향 없는 방황과 분노는 그 주체인 주인공들이 아니라 그들을 품고 있는 사회에 무언가 문제가 있다는 사실을 강력하게 암시한다. 「서울 1964년 겨울」과 「1996 겨울」은 자신들의 비루함으로 사회 전체의 병증을 증거하고 고발하는 변두리 인생들의 오디세이다.

김승옥, 「서울 1964년 겨울」, 『무진기행-김승옥 소설전집 1』, 문학동네, 2004
한창훈, 「1996 겨울」, 『가던 새 본다』, 창작과비평사, 1998

4

'살아가는 걸까,
살아지고 있는 걸까'

────── 이인성(1953~)의 소설 『미쳐버리고 싶은, 미쳐지지 않는』(1995)은 광기의 힘을 빌려서라도 고통스러운 기억에서 벗어나고자 하는 인물의 이야기다. 학생운동의 절정기였던 1980년대의 어느 날, 학우의 분신자살 계획을 경찰에 알렸다가 조직의 일원이었던 애인에게 버림받은 경험이 고통의 기억의 저변을 이룬다. 주인공은 현재 안양의 여로 여관에 장기 투숙하면서 옛 애인과 전화 통화가 되기만을 기다리고 있다. 그런 그에게는 또한 미친 여자의 전화 공세에 시달린 끝에 다니던 출판사와 집에서 쫓겨난 기억 역시 따라붙는다. 대학을 졸업하고 잠시 공장에 들어갔던 그는 그 뒤 시인이 되어 시집도 한 권 낸 바 있다. 그 시들은 대학 시절 애인이었던 "그녀와의 사랑의 이야기들을 밑자리에 깔고 있"었는데, 미친 여자는 그 시들이 자기와의 연애를 기념하기 위해 쓴 시라고 주장했던 터였다.

"시가 써지지 않는다"는 문장으로 시작되는 소설은 모두 52개의 짧은 매듭으로 이루어져 있다. 그 매듭들은 이성복, 최승자, 성기완, 송찬호 등 시인들의 시 구절을 에피그램처럼 머리에 얹고 있으며, 각 매듭의 이야기들은 에피그램 격인 시 구절들과 긴밀한 조응 관계에 놓여 있다(이 소설이 이 책에 초대된 것은 그 때문이다). 가령 첫 매듭의 에피그램은 이성복(1952~)의 시 「어째서 이런 일이 벌어졌을까」의 일부이다.

> 기차는 기차답게 기적을 울리고 개는 이따금 개처럼
> 짖어 개임을 알리고 나는 요를 깔고 드러눕는다 완벽한
> 허위 완전 범죄 축축한 공포, 어째서 이런 일이 벌어졌을까

시의 인용된 부분은 서울 근교 허름한 여관방에 누워 오지 않는 전화를 기다리는 주인공 김윤수의 정황을 짐작하게 한다. 그와 함께, "나 자신이 움직여 나 자신을 움직이는, 내 시는 써지지 않는" 반면, 남들의 시와는 교감하며 "나 자신을 단지 남의 시의 시적 정보나 정서로만 알아보는" 스스로를 가리켜 "저 시인에게와는 다른 양태로, 내겐, 어째서 이런 일이 벌어졌을까?" 질문하는 데에서도 인용된 시 구절은 교묘하게 차용되어 있다.

최승자(1952~)의 시 「끊임없이 나를 찾는 전화벨이 울리고」를 앞세운 두 번째 매듭에서도 사정은 마찬가지다.

> 그래, 끊임없이 나를 찾는 전화벨이 울리고
> 나는 피해가고 싶지 않았다.
> 그 구덩이에 내가 함몰된다 하더라도

나는 만져보고 싶었다,

운명이여.

미친 여자에게서 터무니없는 전화 공세가 빗발치던 시절의 이야기를 다룬 매듭의 내용과 최승자의 시가 훌륭하게 조응하고 있다. 그런가 하면 소설의 핵심적인 사건이라 할 학우의 분신자살을 회고하는 서른일곱 번째 매듭에는 유하(1963~)의 시 「그 옛날의 어린 눈빛」이 인용되어 있다.

축제와 죽음이 한몸으로 만나는 각도에서

지상의 모든 눈부심이 내 청춘의 나머지를 지워버렸으므로

유하의 이 시는 삶의 과정에서나 시 창작에서나 종종 맛보게 되는, 황홀한 성취감과 쓸쓸한 상실감의 기묘한 결합을 노래하고 있다. 인용된 구절 바로 앞줄에 오는 "나를 순간적으로 죽이면서 도달하는 순간적인 절정의 그 무엇"이 바로 그 느낌의 요체라 할 수 있다. 이인성은 놀랍게도 유하의 이 시를 혁명 또는 변혁이라는 '축제'를 위해 한 사람의 죽음을 요구했던 80년대의 '눈부신' 광기, 그리고 그 광기 뒤에 연인에게 버림받은 주인공 김윤수의 처지를 노래하는 것으로 '전유'한다. "언젠가 수많은 사람들이, 그땐 모두 미쳤었던 건지, 한꺼번에 동시에, 이 세상 자체를 축제판으로 만들 수 있다는 환상에 빠졌던 적이 있었"으며 "그때 죽음마저도

불사한 그런 축제가, 놀랍게도 우리 눈앞에, 정말로 실재했었"지만, 안타깝게도(?) 김윤수는 "그걸 내 축제로 받아들일 수는 없었"으며 "그 순간부터, 내 청춘은 사그리 삭제되어버렸다"는 것이 이인성이 전유한 유하 시의 산문적 풀이다. 정말이지 교묘한 재봉 솜씨라 하겠다.

대학 시절 김윤수를 이끌어 죽음에 이르는 광기와 조우하게 하고 결국 그의 청춘을 박탈해 간 연인은 현재의 주인공으로 하여금 과거와는 다른 성격의 광기에 함몰되고자 하는 욕망을 품게 만든 '범인'이기도 하다. "이 세상의 저만치를 피해가고 있었"던 대학 시절의 윤수가 "이 세상의 독한 페퍼포그 안개 속에 쓰러져, 피투성이로, 먼 나를 향해 뻗치던 손"을 만나고, 그 손의 주인이었던 여자의 연인이 되어서는 여자를 좇아 분신자살을 결의하는 현장에도 함께하게 된다. 그러나 그 여자, "사랑도 전술 전략"이라며, 분신 계획을 경찰에 알리겠다는 그에게 "시답잖은 감상주의는 집어치우라고, 신성한 죽음을 모독하지 말라고" 매몰차게 내뱉던 그 여자가 지금은 어떻게 바뀌었던가.

> 윤수씨에 대해선 나 많이 미안해했어. (……) 하지만 이젠 어쩔 수 있는 게 아니잖아. 그건 철이 없었던 시절 이야기고, 세월이 지나 나도 많이 달라졌어. 모든 게 바뀌었고, 지금 우린 건강한 생활인으로 잘살고 있어. 시행착오도 많았지만, 과거는 잊고 앞으로를 올바르게 살아나가야 한다는 게 우리 생각이야.

— 이인성, 『미쳐버리고 싶은, 미쳐지지 않는』

　이제 그 여자는 "한때는 (김윤수와) 함께 살다시피 한 친구였고 동지였"(괄호 안은 필자)던 남자의 아내가 되었으며(윤수와의 전화 통화에서 그 여자가 말한 '우리'란 그 둘을 가리킨다), 그런 커플을 향한 "살의 질투"가 김윤수로 하여금 미치고 싶게 만드는 것이다.
　미치고 싶은데 미쳐지지 않는 주인공의 상태는 이인성 소설 특유의 분열적 인물 묘사로 나타난다. 소설에서 주인공 김윤수는 세 개의 대명사 '나' '너' '그'로 나뉘어서 등장한다. 그 세 대명사는 각각 현재('나')와 과거('너'), 그리고 미래('그')를 지시한다. 요컨대 소설은 현재의 인물 '나'가 '너'라는 과거의 상처와 '그'라는 미래의 전망 사이에 찢긴 채 그런 분열을 봉합하려 애쓰는 이야기라 할 수 있다. '나'와 '너'와 '그' 사이의 이런 관계는 다음 구절에 적절히 요약되어 있다.

　　그는 그의 과거조차도 미래 시제 위에 올려놓는다. 그와 나의 너에게는 현재나 미래도 과거 시제와 맞는 것처럼.
　　나? 나에겐, 과거나 미래도 결국 현재?
— 이인성, 『미쳐버리고 싶은, 미쳐지지 않는』

　분열된 것이 주인공만은 아니어서, 그의 여자들 또한 분열되어 있다. 김윤수는 지금 안양의 여관방에 장기 투숙하면서 대학 시절 연인이었던 여자에게서 걸려 올 전화를 기다리고 있다. 전화를 기다리는 동안 그는 과거 자신을 괴롭혔던 미친 여자의 전화 공세를 떠올린다. 처음에는 여느 독자처럼 접근했다가 점차 광기를 드러내며 그를 괴롭혀, 견디다 못한 그가 경찰에 신고해서 결국 정신병원으로 이송되었던 여자. 그런가 하면 '그'의 시점으로 진행되는 미래 이야기에서 그는 차를 몰고 남쪽으로 내려가서는 술집 애인을 전화로 부른다는 게 그 술집의 단골이었던 다른 여자를 부른다. 그렇게 해서 합류하게 된, 배우가 꿈이었다는 여자와 그는 남도의 이곳저곳을 여행하면서 이야기를 나누는데, 그 과정에서 그는 이 여자가 혹시 그 미친 여자가 아니었던가, 터무니없는 의심을 품기도 한다. 그런가 하면, "미친 여자 이전의 성한 여자가 안 미친 듯 미침의 징조를 보였던 만큼은" "어디까지가 이 여자의 이야기였고 어디까지가 저 여자의 이야기였는지, 도통 헷갈려 뒤죽박죽이 되어 간다"는 구절에서 보듯, 대학 시절 연인과 미친 여자 사이의 구분마저 모호해지는 순간이 온다(미친 여자가, 대학 시절 연인을 염두에 두고 쓴 김윤수의 시가 자신을 겨냥한 것이라고 믿었다는 사실이 징후적이다). 그렇다면 주인공을 둘러싼 세 여자는 모두가 한 여자의 분열된 인격이라 할 수도 있지 않겠는가. 주인공이 그 여자들 모두와 전화를 매개로 이어진다는 사실은 그 점을 강력하게 시사하는 듯하다.

　진화기와 함께, 현재의 주인공이 머물고 있는 여관방에서 가장 두드러지는 기물은 거울이다. 전화기는 물론 대학 시절 연인과 소통하기 위해 필요한 것인데, 통화를 향한 시도가 거듭 실패로 돌아가던 어느 날, 소설의 중간쯤에서, 주인공은 방 안의 거울을 응시하다가 빈 컵을 내던져 거울 한가운데에 구멍을 내고 만다. 그런 과격한 행동으로 귀결되는 매듭의 앞머리에는 박남철(1953~)의 시 「다시 거울 앞에서」가 인용되어 있다.

저 빌어, 배라먹을 놈의 거울 저 망할 놈의 반시(反詩) 세계, 아무래도
나는 저 거울 속으로
걸어들어가버려야만 하겠느냐

거울을 깨는 파괴적인 행동의 바탕에는, 옛 연인과의 통화가 계속 불발로 끝나는데다 시도 써지지 않는다는 답답함이 있었던 것이지만, 당연하게도 거울을 깨는 행위가 그에게 무슨 활로를 열어주는 것은 아니다. 깨진 거울의 몸체와 거기서 떨어져 나온 파편에서 주인공이 보는 것은 오히려 중심을 잃고 파편화한 자신의 모습이다. "거울을 깰 때, 나도 깨졌거늘. 이제, 중심을 떨궈 잃고 균열한 거울이 바로 나. 파편이 된 거울의 입자들이 나의 조각들."

거울과 가면은 상반되는 듯하면서도 어쩐지 통하는 심상들이다. 한 단계 매개를 거쳐서야 보게 되는 것이 거울이라면, 가리고 위장하는 것이 가면이다. 게다가 거울에서는 좌우가 바뀌어 있다. 요컨대 둘 다 본래의 형상과는 차이를 보인다. 주인공의 미래태인 '그'가 전화로 잘못 불러낸 여자가 "내가 하고 싶어해온 거, 그건 사실, 배우가 되는 거야"라고 고백하자 '그'가 응대한다.

> 정말 가면을 쓰고 연기를 해야 다르게 살 수 있을 것 같아, (……) 그리고, 그러면 죽음을 피하고도 축제를 벌일 수 있을지 모른다는 생각이 들어. (……) 내 가면은 바로 시야."
>
> — 이인성, 『미쳐버리고 싶은, 미쳐지지 않는』

거울을 깬 그는 이제 가면을 꿈꾸는 것이다.

이렇게, 시가 써지지 않아 괴로워하던 변두리 여관방의 장기 투숙객 시인은 자신을 괴롭히는 기억의 저변에 있던 80년대 대학 시절의 상처를 거쳐 다시 시를 쓰는 현재로 돌아왔다. "미쳐버리고 싶은데, 미쳐지지 않는" 그가 광기의 힘을 빌리지 않고 자신의 고통과 상처에서 벗어날 유일한 길은 시 쓰기에 있다. 시라고는 했지만, 그것이 소설이어도 크게 상관은 없을 것이다. 안양 여관방에서 임검 나온 경찰을 상대하며 진땀을 흘리던 그가 "이 기막힌 내 삶을 베껴 소설이나 한번 써보면 어떨까" 궁리하는 것을 보라. "내 것이 아닌 수십 권의 시집들"을 가지고 여관방에 들어간 그가 상처의 기억에서 벗어나 시를 쓰고자 몸부림친 기록이 소설 『미쳐버리고 싶은, 미쳐지지 않는』이 된 셈이다. 스물일곱 번째 매듭의 에피그램으로 쓰인 최두석(1955~)의 시 「누에 이야기」는 바로 그 과정을 시로 미리 쓴 듯한 느낌을 준다.

> 이야기는 이야기끼리 스스로 엉켜 집을 짓고
> 과연 희한한 집짓기를 마쳤을 때

자신은 어느새 집 속에 갇혀 있다

이인성, 『미쳐버리고 싶은, 미쳐지지 않는』, 문학과지성사, 1995

5

그녀의 사랑을
시험에 들게 하지 말라

안정효(1941~)의 중편 「낭만파 남편의 편지」와 체코 출신 프랑스 작가 밀란 쿤데라(1929~)의 경장편 『정체성』은 놀랄 만큼 똑같은 모티프에 의존하고 있다. 권태기에 빠진 부부(커플)가 있다, 자극이 필요하다고 생각한 남편(남자) 쪽에서 깜짝 이벤트를 꾸민다, 자신의 정체를 숨기고 아내(여자)에게 사랑을 고백하는 편지를 배달하는 것이다. 그러나 그것이 다른 남자한테서 온 편지라 오해한 아내(여자)는 편지를 받은 사실을 남편(남자)에게 숨긴다, 아내(여자)가 편지를 받은 사실을 숨기는 것을 남편(남자)이 수상하게 생각하고, 아내(여자)의 본심을 확인하기 위해 마지막 유혹의 편지를 보낸다, 그 편지에 아내(여자)가 응하면서 부부(커플)의 관계는 파국으로 빠져든다…….

한국어와 프랑스어로 각기 발표된 두 소설이 이처럼 동일한 스토리 라인을 지니고 있다는 사실은 거의 믿기 어려울 정도다. 여느 경우라면 한쪽이 다른 한쪽을 표절했다는 말이 나오기 십상이다. 그리고 그 경우 대체로 표절 혐의는 한국 작가 쪽을 향하게 마련이다. 그러나 안정효의 중편이 1993년에 발표되었고 쿤데라의 소설

원작이 1998년에 나왔다는 사실을 알고 나면 얘기가 달라진다. 먼저 나온 소설이 나중에 나온 걸 표절할 수는 없는 노릇 아닌가!(물론 프랑스의 문학이론가 피에르 바야르는 『예상 표절』이라는 제목의 책에서 그런 일이 가능하다고 주장한 바 있다.) 그렇다면 쿤데라가 안정효를 표절했다? 알 수 없는 노릇이다. 안정효의 소설이 프랑스어나 영어 등 외국어로 번역되지는 않았지만, 그 대략적인 내용을 어떤 식으로든 쿤데라가 접했을 가능성을 배제할 수는 없을 것이다. 가령 안정효의 작품을 읽은 한국어 독자한테서 직간접적으로 얘기를 전해 듣는 식으로 말이다. 그렇지만 그 가능성은 역시 희박하다고 보아야 옳을 것이다(두 작가의 소설과 비슷한 모티프를 지닌 제3의 이야기가 먼저 존재했을 가능성 역시 배제할 수는 없지만, 증거를 확보하지 못했을뿐더러 그 가능성 또한 그리 높지는 않아 보인다). 그렇다면 남는 가능성은 단 하나, 한국과 프랑스의 두 작가가 각기 자신의 뮤즈한테서 동일한 모티프라는 선물을 받은 것이다! 문학적 영감의 세계란 이토록 오묘하다. 이역만리 떨어져 있는 두 작가가 아무런 사전 교감이 없이 사실상 동일한 이야기를 꾸며낼 수도 있는 것이다. 서로 다른 문학 작품들 사이에서, 그리고 작가들 사이에서 거울 관계를 보고자 했던 이 책의 타당성이 여기에도 있지 않겠는가.

「낭만파 남편의 편지」는 어제가 오늘 같고 오늘이 내일 같은 부부의 반복적인 일상을 보여주는 것으로 시작된다. "남편은 잠자리에서 일어나 어제와 마찬가지로 변함없이 머리맡 탁자에다 아내가 갖다놓은 조간신문을 집어 들고 곧장 화장실로 들어갔다"라는 소설 첫 문장에서 강조되는 것은 "어제와 마찬가지로 변함없이"라는 부사어구다. 어제가 오늘 같고 오늘이 내일 같게 반복되는 것은 남편의 행동만은 아니어서, 아내의 행동 역시 반복의 쳇바퀴를 벗어나지 못한다. 결국 "남편과 아내는 그들이 어제 아침 같은 시간에 취했던 동작을 하나하나 그대로, 순서도 틀리지 않고 그대로 되풀이했다." 이런 것을 삶이라 하기는 어려울 것이다. "오늘의 모든 것이 어제의 모든 것을 되풀이하는 행위라면 오늘은 오늘로서 존재하지를 않"는다는 것이 남편의 생각이다. "복제된 하루, 복사기로 무수히 찍어낸 하루"란 독자적인 하루로서 의미를 지닐 수 없다는 것이다. 그럼에도 "그들 부부의 아침 시간이 (……) 여유가 없고 살벌한 권태의 반복이었고, 반복의 반복이었고, 반복의 반복의 반복이었다고 남편은 생각했다." "그들 부부가 어쩌다 이렇게 되었을까" 생각해 보아도 그 답을 알 수는 없지만, 상황이 더 나빠지기 전에 "어떻게 손을 써 봐야 되겠다고 남편은 생각했다." 어제가 오늘 같고 오늘이 내일 같은 반복적 일상에 지루함과 권태를 느끼기는 아내도 마찬가지다. "아내는 요즈음 살아간다는 것이 참 심심하다고 생각했다." 더 나아가 "아무래도 무엇인가 빠뜨린 듯 허전한 기분을 느꼈다." 남편의 편지는 이런 배경에서 고안된 것이다.

『정체성』의 두 주인공 장-마르크와 샹탈은 부부는 아니지만 사실혼 관계에 있는 커플이다. 샹탈은 먼젓번 결혼에서 아이 하나를 낳았지만 그 아이가 일찍 죽은 것이 계기가 되어 이혼했으며 그 뒤 장-마르크를 만나 동거 중이다. 샹탈이 장-마르크보다 네 살 위이고 연상녀의 수입이 남자보다 다섯 배 많으며 지금 살고 있는 집도 여자의 집이라는 사실을 우선 기억해 두자.

"남자들이 더 이상 나를 돌아보지 않아요."

— 밀란 쿤데라, 『정체성』

샹탈의 이 말이 장-마르크를 자극한다. 사랑하는 여인이 어떤 이유에서든 괴로워하고 있다는 사실이 그로 하여금 "그녀를 당장 도와야만 한다는 절박한 욕구를" 느끼게 만든다. 샹탈의 말을, 장-마르크가 아닌 다른 남자의 사랑을 바란다는 뜻으로 받아들여서는 곤란하다. 남자 애인보다 네 살 연상인 그녀의 처지에서 "'남자들이 더 이상 나를 돌아보지 않아요'라는 말은 육체의 점진적 소멸이 시작되었음을 알리는 빨간 경고등인 셈이다." 그렇기 때문에 "그녀에게 필요한 것은 사랑의 시선이 아니라 천박하고 음탕한 익명의 시선, 호감이나 취사선택에 의한 것이 아니고 사랑도 예의도 없이 필연적으로, 숙명적으로 그녀 육체로 쏟아지는 시선이다." 연하의 남자 애인을 둔 여자가 자신의 육체의 노화에 신경을 쓰는 것은 자연스러운 노릇이나. 상-마르그로서는 샹탈이 여선히 매력적인 외모의 소유자라는 사실을 그녀에게 납득시킬 필요가 있었다. 그런 필요에서, 샹탈을 돕겠다는 동기에서 생각해 낸 것이 익명의 편지다.

「낭만파 남편의 편지」의 남편은 "한때 자신도 퍽 낭만적인 남자였다"고 생각한다. 연애 시절 이후에는 편지를 써 본 적이 없는 그가 새삼 편지를 쓰기로 한 것은 자신의 잃어버린 낭만성을 되찾음과 아울러, 반복과 권태의 늪에 빠져들고 있는 결혼생활에 자극과 활기를 불어넣으려는 뜻에서였다. 그는 우선 "외로운 카네이션 한 송이의 무늬가 박힌 편지지"를 고른다. 카네이션은 그들 부부에게 특별한 상징성을 지니는 꽃이기 때문이다. "성적인 쾌감이 풍족한 밤을 지냈거나 침묵의 미움을 끝내고 발꿈치를 툭툭 차서 화해가 이루어진 다음 날이면 아내가 유리잔에 꽂아 식탁에 올려놓고는 하던 꽃"이 바로 카네이션이었던 것.

당신을 사랑합니다.

그대를 사모하는 남성으로부터.

— 안정효, 「낭만파 남편의 편지」

편지가 지나치게 단출했다는 것으로 남편을 탓할 수는 없으리라. 문제는 그가 발신자를 익명으로 처리했다는 사실이다. 물론 그로서는 일종의 깜짝 쇼의 효과를 노린 선택이었다. "실제로 내용을 읽기 시작하는 순간까지 전혀 예상하지 않았던 낭만적인 사랑의 편지가 남편으로부터 날아왔다는 사실을 깨닫는 순간에 아내는 뜻밖의 선물에 감동하리라고" 남편은 믿었다. 그러나 그의 짐작과 기대는 보기 좋게 빗나갔다. 아내는 그것이 남편한테서 온 편지라고는 꿈에도 생각하지 못했다. 봉투를 열어 편지 내용을 확인하자마자 "외간 남자로부터 유혹의 편지를 받았다는 놀라운 사실"에 스스로 가슴이 뛰고 그예 이 '불륜의 편지'를 가스레인지 불로 태워 없애기에 이른다. 아내는 여고 시절 첫 번째 연애편지를 받은 이후 대학 신입생 시절과 졸업반 때 두 번째와 세 번째 편지를 받았고, 세 번째 편지를 보냈던 남자와 결혼을 했다. 이제 아내에게 '네 번째 남자'의 편지가 도착한 것이다.

샹탈이 받은 편지 역시 단출하기는 마찬가지다. "나는 당신을 스파이처럼 따라다닙니다. 당신은 너무, 너무 아름답습니다." 더 큰 공통점은 여기서도 발신자를 밝히지 않았다는 사실이다(발신자는커녕 아예 주소도 우표도 없는 편지였다. 누군가 손수 우편함에 넣었다는 뜻이다). 물론, 「낭만파 남편의 편지」에서 남편이 발신자 이름이 없더라도 그것이 자신이 보낸 편지라는 것을 아내가 알아차리리라고 믿었던 것과 달리, 장-마르크는 샹탈이 자신의 존재를 눈치 채지 않기를 바랐다. 장-마르크 자신이 아닌 다른 어떤 남자가 샹탈에게 연정을 품고 있다는 것을 그녀가 믿어 주기를, 장-마르크는 바라는 것이다. 샹탈의 반응 역시 '낭만파 남편'의 아내의 그것과는 사뭇 다르다. "첫 번째 느낌은 불쾌함이었다." 샹탈은 그 편지가 "장난 편지라고 생각했다." 그럼에도 불구하고 샹탈이 그 편지를 휴지통에 던져 버리거나, 장-마르크에게 그런 편지를 받은 사실을 알리지 않은 것은 그것이 샹탈에게 불쾌함을 불러일으키는 장난 편지이기만 한 것은 아니라는 사실을 짐작하게 한다. 샹탈은 "속옷 장롱을 열어 브래지어 밑에 편지를 넣었다."

'낭만파 남편'의 아내 역시 편지를 감춘다. 비록 첫 번째 편지는 불에 태워 없앴지만, 두 번째 세 번째로 이어지는 편지는 같은 운명을 맞지 않는다. 아내는 그 편지들을 "은수저를 담아두었던 까만 플라스틱 통에다 넣어 쌀통 속에 깊이 파묻어 숨겨놓았다." 아내는 왜 두 번째 세 번째 편지를 첫 번째 편지처럼 불에 태워 없애 버리지 않고 은밀한 장소에 감춰 두었는가. 아니, 그 전에 남편은 왜 첫 번째 편지로 그치지 않고 두 번째와 세 번째로 이어지는 익명의 편지를 계속해서 보냈는가.

처음에 남편은 아내가 무슨 이유에서인지 첫 번째 편지를 받지 못한 것이라고 생각했다. 다음에는 아내가 편지를 받았고 그것이 남편이 보낸 '깜짝 편지'임을 알면서도 무시해 버린 것이 아닐까 하는 짐작을 해보았다. 남편의 추측은 갈수록 심각해져서, 아내가 그 익명의 편지의 발신인을 자신이 아닌 다른 남자로 알고 있으리라는 데까지 나아간다. "다른 남자로부터 사랑의 편지를 받았다는 얘기를 아내가 일부러 그에게 숨겼는지도 모르겠다고 남편은 생각했다." "어쩌면 아내는 기뻐했는지도 모르겠다고" 아니, 아예 "다른 남자를 원하고 기다렸는지도 모르겠다고" 남편은 의심하기에 이른다. 아내가 두 번째 편지를 받고도 아무런 내색이 없자 남편은 아내에 대한 의심을 거의 확신으로 바꾼다.

발신인을 밝히지 않은 세 번째 사랑의 편지를 쓰면서, 남편은 어느새 아내를 시험하고 싶은 충동에 사로잡혔다. (……)
남편은 편지에서 노골적으로 아내를 유혹하기 시작했다.
―안정효, 「낭만과 남편의 편지」

남편의 추측이 전혀 근거 없는 것은 아닌 것이, 아내는 첫 번째 편지를 불에 태워 없앤 뒤 어느 정도 아쉬움을 느끼고 있었으며, 그러던 차에 두 번째 편지를 받게 되자 "봉투 안에 담긴 미지의 운명을 조금쯤은 두려워하면서도 아내는 거기에 담긴 사연에 대해서 자신이 약간의 반가움과 안도감도 동시에 느끼고 있음을 깨달았다." 두 번째 이후의 편지를 없애 버리지 않고 쌀통 속에 깊이 보관하게 된 아내의 심리는 대체로 이러했다.

발신자의 이름이 적혀 있지 않은 구애의 편지를 받은 두 소설의 여주인공들은, 당연하게도, 편지를 보낸 이의 정체를 궁금해하며 나름대로 '수사'를 벌인다. 그들이 자신들과 가장 가까운 남자들인 남편 및 애인을 '용의선상'에 올려놓지 않은 것을 탓할 수도 없는 것이, 남편이나 애인이 제 이름을 감추고 그런 편지를 보내리라고는 미처 생각하지 못했을 것이기 때문이다. 두 여자가 주변의 이런저런 남자들을 익명의 구애자 자리에 올려놓고 관찰하며 '범인' 목록에서 차례로 지워 나가는 장면은 다소 희극적이다.

장-마르크는 샹탈에게 익명의 편지를 보내면서 그 편지의 발신인이 자신임을 그녀가 알아주리라는 기대나 예측을 하지 않았다. 그 편지를 받고서 샹탈이 예전의 활기를 되찾은 듯한 모습을 보며 그는 행복해진다. 그가 익명의 편지로써 노린 효과가 바로 그것이었기 때문이다. 그렇지만 그것만이 다였을까. "그는 그녀가 전보다 더 즐겁게 옷을 입고 더 쾌활해진 것을 보고 행복했지만 동시에 그의 성공이 그를 분하게 했다: 예전에는 그가 부탁을 해도 그녀는 빨간 진주 목걸이를 걸지 않았다. 그런데 다른 사람 말에는 복종하는 것이다." 게다가 샹탈이 편지를 받은 사실을 자신에게 말하지 않는 것 역시 수상쩍다.

> 한 남자가 한 여자에게 편지를 쓴다면 그것은 훗날 그녀에게 접근하여 유혹하기 위한 토대를 마련하는 것이다. 그리고 여자가 이 편지를 비밀로 간직한다면 그것은 오늘의 조심성이 내일의 모험을 보호해 주길 바라기 때문이다. 한 걸음 더 나아가 편지를 간직한다면 그것은 그녀가 이 미래의 모험을 사랑으로 이해하려는 채비가 되었다는 것을 뜻한다.
> ─ 밀란 쿤데라, 『정체성』

요컨대 두 남자는 제 꾀에 제가 빠졌다! 선의에서 시작된 그들의 '장난'을 심술궂은 운명의 신은 벌거벗은 악의로 탈바꿈시켰다! 이제 남은 것은 파국.

'낭만파 남편'은 링 위의 복서가 상대 선수에게 회심의 일격을 가하듯 여섯 번째이자 마지막 편지를 아내에게 보낸다. 시간과 장소를 알려주면서 만나자고 제안하는 편지였다. 제안자는 당연히 '그대를 사모하는' 미지의 '남성'이다. 물론 그런 편지를 보내면서도 남편은 "여섯 번째 편지의 초청에 아내가 응하지 않기를 바랐다." 편지를 받은 아내는 고민에 고민을 거듭한다. 아내는 "제자리걸음을 하는 그녀의 심심한 삶으로부터 탈출하고 싶었다." 자신이 '전통과 관습'의 이름 아래 시들시들 시들어 가는 꽃과도 같다고 생각했다. 그래서 "더 시들시들 시들어 시들기 전에 한번만이라도 더 꽃을 피워보고 싶었다." 그러나 아내는 또한 그것이 자신의 전 존재를 걸어야 하는 일대 모험이자 도박이라는 사실을 잘 알고 있다. 남편과 아이로 상징되는 권태롭지만 안온한 일상을 포기해야만 한다는 사실을. 결국 아내는 결심한다. 자신에게 편지를 보낸 그 누군가를 만나기로. 그렇지만 아내가 모험과 도박에의 초대에 응하기로 한 것은 아니다. 남자를 만나서는 "편지를 그만 보내라고 부탁할 생각이었다." 아내는 외출 준비를 한다. 화장대 앞에 앉아서 화장을 시작한 것이다. "이왕이면 네 번째 남자에게 예쁘게 보이고 싶은 욕구를 느꼈다."(여자의 심리라니!) 소설의 마지막 문장은 흡사 태풍의 눈처럼, 고요한 가운데 파국의 예감을 내장하고 있다.

아내는 화장대 앞에 앉아서 눈썹을 그리고, 예쁘게 얼굴 화장을 하고, 텔레비전의 소리와 움직임밖에는 아무것도 살아 있지 않은 아파트 문을 나서 네 번째 남자를 만나러 갔다.

— 안정효, 「낭만파 남편의 편지」

장-마르크도 샹탈에게 마지막 편지를 보낸다. 그런데 그 편지를 보낸 직후, 둘 사이에는 심각한 상황이 발생한다. 샹탈이, 속옷 장롱 속 브래지어 밑에 숨겨둔 편지를 그동안 장-마르크가 훔쳐보았다는 사실을 알게 된 것이다(장-마르크는 자신이 보낸 편지에 대한 샹탈의 반응이 궁금해서 몰래 뒤져보았던 터였다). 더 나아가 그녀는, 필적 감정을 거쳐, 편지를 보낸 이가 장-마르크 자신이라는 사실 역시 눈치 채게 된다. 이제 그녀의 추측은 다른 방향으로 뻗어 나간다. 그가 왜 이런 편지를 보내 나를 함정에 빠뜨린 것일까? 샹탈이 내린 결론은 파괴적이다: "그녀로부터 홀가분하게 벗어나기 위해. 사실 그가 더 어렸고 그녀는 늙었다."

선의에서 비롯된 행동이 이렇게 뻔뻔한 악의로 오해될 수도 있을까. 마침 자신의 집을 방문한 옛 시누이와 조카들이 집 안을 난장판으로 만들어 놓은 일을 핑계 삼아 샹탈은 이렇게 소리친다. "이 아파트는 내 것이고 누구에게도 내 장롱을 열어 나의 소지품을 뒤질 권리가 없어. 누구도. 내 말은 누구에게도 없다는 거야. 그 어떤 사람도." 그 말이 자신을 겨냥한 것이라는 사실을 장-마르크는 너무도 잘 알고 있다. 이 말을 계기로 샹탈은 장-마르크를 사실상 자신의 집에서 내쫓는다. 그렇게 '결별'을 선언한 날 밤, "너무도 쉽게 그녀가 잠들었다는 사실이 그를 괴롭혔다." 그러나 사실 "좁은 침대에 누운 그녀는 그가 생각했던 것처럼 편히 자지 못했다." 또 하나의 오해.

장-마르크가 마지막 편지를 보낸 것은 둘 사이에 이런 사건이 벌어지기 전이었지만, 이제 편지 놀이를 그만 끝내기로 한 장-마르크는 편지 속 남자로 하여금 자신이 런던으로 떠난다는 토로를 하게 했다. 런던은 샹탈과 장-마르크 사이에 자주 언급되었던 도시이기 때문에 그 지명을 접하는 순간 샹탈이 장-마르크 자신의 정체를 파악할 수 있으리라 생각한 것이다. "암호화된 서명"이라는 점에서 런던은 안정효 소설의 카네이션에 해당한다.

결별 선언과 런던이라는 '암호' 사이에서 일종의 두뇌 싸움을 벌이던 두 사람은 파리 북역발 런던행 같은 기차에 시차를 두고 올라탄다. 이즈음부터 소설은 서서히 몽환적인 분위기로 바뀌어 간다. 장-마르크가 기차 안에서 샹탈을 발견하고, 샹탈 역시 장-마르크로 짐작되는 남자의 뒷모습을 목격했다고 생각한다. 런던에 내린 뒤에는 아예 현실과 비현실이 구분할 수 없게 뒤섞인다. 그 혼돈 속에서 샹탈은 아무리 해도 벗어날 수 없는 건물에 갇힌 채 자신의 이름조차 잊어버리고, '그'가 나타나 자신의 이름을 불러 주기를 간절히 바란다. 그 샹탈이 갇혀 있을 것으로 짐작되는 건물 앞에서 장-마르크는 샹탈의 이름을 소리쳐 부른다.

장-마르크가 샹탈의 이름을 소리쳐 부르는 장면에서 장이 갑자기 바뀐다. 두 사람은 같은 침대에 누워 있고 장-마르크가 샹탈을 껴안은 채 소리치고 있다. 현실이라고 생각했던 것이 꿈속의 일이었음이 드러나는 것인데, 문제는 어느 순간부터가 꿈이었는가 하는 것이다. 작가는 그에 대해 명확한 답을 내놓지 않는다. 열차가 영불해협의 터널 속으로 들어가던 순간이었을 수도 있고, 샹탈이 편지의 필적을 확인하느라 필적 감정소를 찾은 때였을 수도 있으며, 아예 첫 번째 편지를 받는 장면이었을 수도 있다. 그 모든 가능성이 열려 있다. 심지어는 꿈에서 깬 두 사람이 서로를 껴안고 있는 소설 마지막 장면이 꿈일 수도 있는 것이다. 꿈과 현실이 분간할 수 없게 뒤얽혀 있는 이 소설에서 꿈 또는 악몽은 언제고 수면 위로 튀어올라 안온한 현실을 위협할 수도 있다. 그런 점에서는 『정체성』 역시 「낭만파 남편의 편지」에 못지않게 어두운 결말을 지니고 있는 셈이다.

안정효, 「낭만파 남편의 편지」, 『낭만파 남편의 편지』, 민음사, 1995
밀란 쿤데라, 『정체성』, 이재룡 옮김, 민음사, 1998

6
그림자놀이의 종말

나는내兒孩다. 아버지가나의거울이무섭다고그런다. 사람의팔그속의
水銀. 싸움하지아니하는二匹의平面鏡은없다. 네가보아도좋다. 싸움하
는上脂에사기컵이손바닥만한하늘을구경한다. 銃은鸚鵡의꿈이있다.
그러나그것으로부터그중의나비떼가죽었다. 무서워하는혹은自殺하는
비둘기의손. 들窓이하얀帽子를쓴나를날아가게하려한다. 드디어나는
城으로들어간다. 또무서운무엇이白紙처럼거대한가슴의걸인이있다.
13을아는게적당하다. 試驗에서나는쏘지아니할것이로다.

— 「오감도 시 제16호」

    김연수(1970~)의 연작소설 『꾿빠이, 이상』(2001)은 이상(1910~1937)
의 「오감도 시 제16호」를 중심에 놓고 전개된다. 이상의 「오감도(烏
瞰圖)」 연작은 1934년 7월 24일부터 8월 8일까지 〈조선중앙일보〉에
연재되었다. 당시 〈조선중앙일보〉에는 이상과 같은 '구인회(九人
會)' 동인이었던 소설가 이태준(1904~?)이 학예부장으로 있었기 때
문에 대중성이라고는 조금도 없이 난해하기 짝이 없는 이 시들이

신문에 실릴 수 있었다(이태준은 이듬해에는 역시 구인회 멤버였던 박태원 〔1909~1987〕의 중편소설 「소설가 구보씨의 일일」이 신문에 연재되도록 주선했으며, 이상은 이때 '하융〔河戎〕'이라는 필명으로 삽화를 그린다. 이태준이 뛰어난 단편소설 작가일 뿐만 아니라 1930년대 한국 모더니즘을 대표하는 시와 소설이 신문에 발표되도록 힘을 쓴 언론인이자 기획자였다는 사실은 특기할 만하다).

"十三人의兒孩가道路를疾走하오./ (길은막달은골목이適當하오.)// 第一의兒孩가무섭다고그리오./ 第二의兒孩도무섭다고그리오./ 第三의兒孩도무섭다고그리오."로 시작되어 "(길은뚫닌골목이라도適當하오.)/ 十三人의兒孩가道路로疾走하지아니하야도좃소."로 끝나는 제1편을 필두로 삼아 보름 남짓 이어진 「오감도」 연작에 대한 독자들의 인내심에는 그러나 한계가 뚜렷했다. 학예부장의 지위와 권한으로도 독자들의 빗발치는 항의를 물리치기에는 역부족이었다. '이게 웬 정신병자의 넋두리냐'는 것이 항의의 요지였다. 결국 「오감도」 연재는 제15호를 끝으로 중단되고 말았다. "나는거울업는室內에잇다. 거울속의나는역시外出中이다. 나는至今거울속의나를무서워하며떨고잇다. 거울속의나는어디가서나를어떠케하랴는陰謀를하는中일가."로 시작해 "模型心臟에서붉은잉크가업즐러젓다. 내가遲刻한내꿈에서나는極刑을바닷다. 내꿈을支配하는者는내가아니다. 握手할수조차업는두사람을封鎖한巨大한罪가잇다."로 끝나는 작품이었다.

타의에 의해 연재를 중단당한 이상이 불만을 토로한 「'오감도' 작자(作者)의 말」 역시 인용해 둘 만하다.

왜 미쳤다고들 그리는지 대체 우리는 남보다 數十年씩 떠러저도 마음 놓고 지낼作定이냐. 모르는것은 내 재주도 모자랐겠지만 게을러빠지게 놀고만 지내든일도 좀 뉘우처보아야 아니하느냐. 열아문개쯤 써보고서 詩만들줄 안다고 잔뜩밋고 굴러다니는 패들과는 물건이 다르다. 二千點에서 三十點을 고르는데 땀을 흘렸다. 三十一年 三十二年 일에서 龍대가리를 떡 끄내여놓고 하도들 야단에 배암꼬랑지커녕 쥐꼬랑지도 못 달고 그만두니 서운하다. 깜박 新聞이라는 답답한 조건을 잊어버린것도 실수지만 李泰俊, 朴泰遠 두 兄이 끔찍이도 편을들어 준데는 절한다. 鐵―이것은 내 새길의 暗示요 앞으로 제아모에게도 屈하지않겠지만 호령하여도 에코―가없는 무인지경은 딱하다. 다시는 이런―勿論 다시는 무슨 다른方途가있을것이고 위선 그만둔다. 한동안 조용하게 工夫나 하고 딴은 정신병이나 고치겠다.

― 이상, 「'오감도' 작자의 말」

이상이 「오감도」에 대해 대단한 자부심을 지니고 있었으며 시대를 몇십 년 앞서간 자신의 과감한 시도가 독자 대중에게 받아들여지지 않자 속상해하는 정황이 선연하게 드러난다. 이 글에서 특히 눈길을 끄는 구절은 「오감도」 연재가 본래 30호까지 이어질 예정이었고 그것조차도 2천 편에서 고르고 고른 작품이라는 대목이다. 그러니까 이상에게는 이미 발표된 15편 말고도 또 다른 15편의 완성된 「오감도」 원고가 있었으며, 초고 형태의 원작은 무려 2천 점에 이른다는 사실을 여기서 알 수 있다. 이상은 〈조선중앙일보〉 연재가 중단된 뒤 「오감도」 연작을 다른 매체에 발표하지는 않았다. 그렇다면 신문에 실리지 않은 나머지 「오감도」 연작은 어떻게 되었을까. 김연수의 『꾿빠이, 이상』은 바로 이런 궁금증에서 출발한다.

「오감도 시 제16호」를 인용하면서 이 글을 시작했거니와, 현존하는 이상 작품집 어디에도 실려 있지 않은 이 시의 출처와 정체, 진위 여부를 추적하는 과정이 이 연작소설의 얼개를 이룬다. 연작은 모두 세 편으로 이루어졌다. 첫 편 「데드마스크」는 이상이 운명한 직후 병상에서 떴으나 그 뒤 유실된 것으로 알려진 데스마스크가 발견되면서 벌어지는 소동을 다룬다. 우선 첫 대목을 읽어보자.

> 이 일은 한 통의 전화로부터 시작됐다. 잘못 걸려온 전화. 잘못 전화한 사람은 잘못 전화하지 않은 사람이었고 잘못 전화하지 않은 사람은 잘못 전화한 사람이었다.
>
> 문장의 꼴이 이렇게 되긴 했지만, 이상(李箱)을 흉내내려는 생각은 절대 아니다.
>
> ― 김연수, 『꾿빠이, 이상』

이상을 흉내 낼 생각은 전혀 아니라면서도 이 대목은 분명히 이상의 「오감도 시 제3호」를 흉내 내고 있다. "싸홈하는사람은즉싸홈하지아니하든사람이고또싸홈하는사람은싸홈하지아니하는사람이엇기도하니까"로 이어지는 작품 말이다. 도입부의 문장에서 보듯 『꾿빠이, 이상』에는 「오감도」를 비롯한 이상의 글들에 대한 오마주 성격의 베껴 쓰기가 만연하다.

"나를 사랑하는 것처럼 보였다가 그를 사랑하는 것처럼 보였다가 나를 사랑하는 것처럼 보였다가 그를 사랑하는 것처럼 보였다가. 이 이상한 가역반응"이라는 대목에서 이상의 시 「異常한可逆反應」의 제목이 직접 언급된다면, "한동안 조용하게 공부나 하고 딴에는 정신병이나 고쳐야겠다"는 「데드마스크」의 마지막 문장은 「'오감도' 작자의 말」의 마지막 문장을 거의 그대로 가져다 쓰고 있다. 이상의 단편소설 「실화(失花)」의 제목을 풀어 쓴 연작의 두 번째 편 「잃어버린 꽃」에서도 이상의 흔적은 확연하다. "내 마음속에서 뚜우 하고 쓸쓸하기 그지없는 정오 사이렌이 울었다. 사람들은 모두 네 활개를 펴고 닭처럼 푸드덕거리는 것 같고 온갖 유리와 강철과 대리석과 지폐와 잉크가 부글부글 끓고 수선을 떨고 하는 것 같은 찰나, 그야말로 현란을 극하는 인공의 정오다"라는 대목은 소설 「날개」의 마지막 대목과 포개지며, 마지막 문장 "자 — 운명에 순종하는 수밖에! 꾼빠 — 이" 역시 「날개」의 서두 부분에서 되풀이되는 "굳빠이"의 메아리로 들린다. 「날개」의 메아리는 연작 마지막 편 「새」에서도 이어진다: "실신이라도 하면 좋으련만 내 정신은 은화처럼 맑았다." 그리고 「새」의 마지막이자 소설 『꾼빠이, 이상』 전체를 마무리하는 다음 대목도 「날개」의 서두부를 그대로 옮겨다 놓았다.

꾼빠이.
그대는 이따금 그대가 제일 싫어하는 음식을 탐식하는 아이러니를 실천해보는 것도 좋을 것 같소. 위트와 파라독스와…… 그대 자신을 위조하는 것도 할 만한 일이오. 그대의 작품은 한 번도 본 일이 없는 기성품에 의하여 차라리 경편하고 고매하리다. 그러나 인생 혹은 그 모형에 있어서 디테일 때문에 속는다거나 해서야 되겠소? 화(禍)를 보지 마오. 부디 그대께 고하는 것이니…….

테잎이 끊어지면 피가 나오. 상(傷)채기도 머지않아 완치될 줄 믿소.

상채기도 머지않아 완치될 줄 믿소.

꾼빠이.

— 김연수,『꾼빠이, 이상』

『꾼빠이, 이상』에서 이런 문장 차원의 베껴 쓰기보다 더욱 중요한 것은 '서혁민'이라는 핵심 인물이다. 『이상을 찾아서』라는 수기를 남기고 일흔셋 나이에 이상이 죽었던 도쿄제대 부속병원에서 최후를 마친 이 인물은 이상의 글은 물론 그의 삶 전체를 흉내 내고자 했다는 점에서 한층 문제적이다. 그는 이상의 행적을 좇아 도쿄에 가서는 이상이 묵었던 곳에 묵고 그가 보았던 것을 보며 그가 샀던 책을 사고 그가 썼던 것과 비슷한 글을 쓴다. 그는 "한 작가의 존재감에 압도돼 평생 그 작가가 되는 것을 꿈꾸며 살아왔다. 그 작가의 작품을 그대로 베껴 쓰는 것뿐만 아니라 그의 삶까지 따라 한다. 단어 하나하나는 보소품에 불과해 아무런 생명이 없었으며 삶은 누군가 한번 살았던 삶이다. 푸른 나무 그림에 회색을 덧칠한 꼴이었다. 이상을 통해 한번 생명을 얻었던 언어와 삶이 그에게 와서 죽은 갑각류의 껍질처럼 한낱 껍데기에 불과했다. (……) 그는 글을 베껴 쓰는 데 그치지 않고 이상의 삶까지 흉내 냈다. 그건 자기 삶을 판돈으로 거는 엄청난 도박이었다. 문학 작품의 아류는 쉽지만, 삶의 아류는 간단한 문제가 아니었다"(1990년대 초 일본 작가 무라카미 하루키에 대한 한국 젊은 작가들의 표절 논란이 일었을 때 장정일이 제출했던 문건의 표현을 빌리자면, 서혁민의 이상 베끼기는 문장과 문체 또는 세계관의 표절과는 비교도 할 수 없게 높은 층위의 베끼기라 할 수 있다. 그것은 삶의 베끼기, 말하자면 '베껴 살기'에 해당하는 모험이자 도박이었으니까).

연작 첫 편에서 핵심적인 모티프로 구실하는 이상의 데스마스크, 그리고 이 글의 앞머리에서 인용한 「오감도 시 제16호」는 모두 서혁민의 '작품'일 가능성이 있다. 이상의 글을 흉내 낼 뿐만 아니라 이상의 삶을 따라 살고자 했던 그가 유실된 이상의 데스마스크를 새롭게 만들어 내고, 이상이 썼음 직한 시를 제 손으로 썼을 것으로 추정되는 것이다. 그렇다면 서혁민(또는 또 다른 누군가)은 어떻게 「오감도 시 제16호」를 썼던 것일까. 이에 대해서는 이상 전문가인 '김태익'의 지적이 적실하다. "(「오감도」 열다섯 편에서) 많이 나오는 단어를 쭉 정리해서 순서대로 늘어놓으면 어떻게 되는지 아시오? 나, 내, 아해, 아버지, 나의, 거울, 무섭다, 그리오. 이게 뭡니까? 당신이 오늘 신문에다가 발표한 「오감도 시 제16호」라는 것 아닙니까?"(괄호 안은 필자) 그렇다. 「오감도 시 제16호」는 이상의 「오감도」 연작을 짜깁기해서 만든 위작이었다. 이상의 마지막 행적을 좇아 도쿄에 온 서혁민이 도쿄제대 부속병원 격리병동 로비에서 이 '문제작'을 쓰는 연작 두 번째 작품의 마지막 장면 묘사는 이러하다.

> 나는 가방에서 노트를 꺼내 '오감도 시 제16호 실화'라고 쓰기 시작했다. 이는 바로 내가 죽어 영원히 이상으로 다시 사는 길이기도 하다. 내 오랜 꿈. 이로써 나는 여러분들에게 이렇게 말할 수도 있으리라.
> 자— 운명에 순종하는 수밖에! 꾿빠—이.
> ― 김연수, 『꾿빠이, 이상』

이런 위작을 이상의 진짜 작품인 것처럼 언론에까지 공개하고서 김태익한테 공박을 당하는 인물은 '피터 주'라는 재미동포 국문학자다. 그는 사실 대만 출신 (불법)이민자의 아들로 태어나 한국인 부모에게 입양된 인물이지만, 그 사실을 알지 못한 채 자신을 한국인으로 생각하고 한국 현대 문학을 전공으로 택한다. 제 몸 속에 한국인의 피가 흐른다고 믿었던 무렵의 그는 특히 분단된 '조국'의 현실에 주목해 이상보다 2년 늦게 태어난 김일성의 저작을 이상의 작품들과 함께 탐독하며 북한을 방문하기도 한다.

그들이 20대가 되던 1937년 한 사람은 '13인의아해가도로로질주하오'로 시작하는 난해시와 일본어로 쓴 글을 들고 제국의 수도 도쿄에 가서 죽었고 다른 사람은 제국을 저주해 150여 명 규모의 유격대를 이끌고 백두산 근처에서 일본군 13명을 사살했다. 수염과 모과처럼 그 기이한 만남. 명명백백한 벌판의 세계와 어두운 새장 속의 세계. 그 두 세계가 동시에 보이지 않으면 조국이 보이지 않는다고 생각했다.

— 김연수, 『꾿빠이, 이상』

　이처럼 그 자신이 문제적 인물이라 할 피터 주에게 서혁민이 작성한(?) 위작 「오감도 시 제16호」를 제공해서 언론에 공개하게 만든 이는 출판 전문 주간지 기자 출신인 '김연화'다. 그는 서혁민의 동생이라는 '서혁수'가 가짜 교수까지 동원해 이상의 데스마스크를 화랑에 팔아 넘기는 자리에 입회해서 기사를 쓰게 되었고 나중에 그 일이 사기로 밝혀지자 검찰에 불려가 조사를 받고 잡지사도 그만두게 된다(김연화가 확실한 증거도 없으면서 단지 '믿음'만 가지고 데스마스크를 진품이라고 추정하는 기사를 쓴 데에는 당시 그가 유부녀인 '정희'와 불륜 관계에 있었다는 사실이 중요하게 작용한다. 그 자신 박태원 연구가이며 『1930년대 경성과 구인회』라는 연구서를 내기도 한 정희 남편이 김연화를 찾아와 정희에 대한 사랑이 진짜냐 가짜냐고 추궁할 때 김연화가 한 대답에 그의 행위를 이해할 실마리가 들어 있다. "문제는 진짜냐 가짜냐가 아니라는 것이죠. 보는 바에 따라서 그것[이상의 데스마스크]은 진짜일 수도 있고 가짜일 수도 있습니다. [……] 이상과 관련해서는 열정이나 논리를 뛰어넘어 믿느냐 안 믿느냐의 문제란 말입니다. 진짜라서 믿는 게 아니라 믿기 때문에 진짜인 것이고 믿기 때문에 가짜인 것이죠."[괄호 안은 필자] 그러니까 그는 정희에 대한 자신의 사랑을 증명하기 위해 데스마스크를 진품으로 단정지었으며, 그것과 함께 입수한 「오감도 시 제16호」를 피터 주에게 제공할 수 있었던 것이다).

피터 주의 「오감도 시 제16호」 공개에 앞서 또 다른 「오감도 시 제16호」 공개가 있었다. 역시 이상 전문가인 '권진희'가 공개한 「오감도 시 제16호」는 "어둠의 한가운데 검은 꽃"이라는 일본어로 시작되지만, 제목에는 피터 주가 공개한 것과 동일하게 '실화'가 들어 있다. 권진희가 공개한 것과 피터 주가 공개한 것 중 어느 쪽이 서혁민의 위작인지, 아니면 둘 다 또 다른 인물(들)의 손에서 빚어진 것인지 여부는 소설 속에서 불확실하다. 어느 쪽이든 무방하기 때문이리라. 작가 김연수가 오감도 위작 사건을 통해 말하고자 했던 것은 정작 따로 있었으니 말이다. 서혁민의 베껴 쓰기와 '베껴 살기'가 있기 전에 이상의 삶 자체가 거대한 흉내 내기이자 도박이었다는 것이 김연수의 판단이다. 무슨 뜻인가.

알다시피 이상의 본명은 김해경(金海卿)이었으나 1928년 경성고등공업학교 졸업 기념 사진첩에 본명 대신 '이상(李箱)'이라는 필명을 쓰기 시작했다. "결과적으로 김해경은 '箱'이라는 글자를 쓰던 그 순간에 도쿄제대 부속병원에서 결핵성뇌매독으로 죽어가고 있었던 것"이라고 김연수는 쓴다. 그런 것이 "전기로는 파악할 수 없는, 운명"이라고. 다시, 무슨 뜻인가. "김해경은 자신의 삶을 판돈으로 걸고 확률이 불분명한 도박판에 뛰어들었다. 작품이 아니라 삶을 판돈으로 걸었다는 점이 중요하다. 불멸의 작가 이상이 그의 기댓값이었다. 도쿄에서의 죽음은 바로 그런 도박이었다." 요컨대 "이상은 소설을 창작한 게 아니라 앞으로 쓸 소설처럼 자신의 삶을 먼저 창작했다고. 아이 김해경이 쓴 소설이 위대한 작가 이상이라고" 김연수는 생각하는 것이다.

이상이 위장술의 대가였다는 사실은 잘 알려져 있다. 소설「날개」의 서두부에 들어 있는 "그대自身을 僞造하는것도 할만한일이오"라는 문장에 주목해 보자. 그런가 하면 「오감도 시 제15호」와 비슷하게 거울 모티프를 동원한 시「거울」(1933)의 마지막 두 연은 이러하다.

나는至今거울을안가젓소만은거울속에는늘거울속의내가잇소
잘은모르지만외로된事業에골몰할쎄요

거울속의나는참나와는反對요마는
쏘쾌닮앗소
나는거울속의나를근심하고診療할수업스니퍽섭ᄼ하오

자신을 거울 밖의 나와 거울 속의 나로 분리시켜 파악하고 서술하는 것은 자아 분열의 징표로 볼 수도 있지만, 거기에는 세상 사람들을 속이고자 하는 의도 역시 개입되어 있을 법하다. 같은 이치로「날개」를 비롯한 이상의 '자전적' 소설들에서 보이는 그의 면모가 진짜 이상인지 여부는 따로 따져 볼 만하다. 그가 소설 속에 그려진 자신의 모습을 위조했을 뿐만 아니라, 결국 죽음에까지 이르는 삶 자체가 철저하게 짜여진 플롯을 좇은 결과라는 것이 김연수의 추측이다. 그렇다면 그런 이상의 삶을 뒤쫓아가며 베낀 서혁민의 삶이란 과연 무엇일까. 창작으로서의 삶을 다시 한 번 흉내 낸 이중의 베끼기라 해야 옳지 않겠는가. 각설하고, 굿바이 이상.

———
이상, 「오감도」, 『이상전집 1』, 뿔, 2009
김연수, 『꾿빠이, 이상』, 문학동네, 2001

7

누가 그녀에게 돌을 던지나

──── 김동인(1900~1951)의 단편소설 「김연실전」(1939)은 김동인과 같은 시기에 활동한 여성 작가 김명순을 모델로 삼아 쓴 작품으로 알려져 있다. 김명순(1896~1951)은 1920년대에 시와 소설을 아울러 썼던 '제1세대' 여성 문인의 대표적 인물이다. 1919년 도쿄 유학 시절 〈창조〉 동인으로 참여했으며 1925년에는 〈매일신보〉 기자로 입사하고 시집 『생명의 과실』을 출간하는 등 활발하게 활동했으나, 이후 다시 도쿄로 건너가 생활고에 시달리는 한편 복잡한 연애 사건에 휘말리면서 정신병원에서 최후를 마친 것으로 전해진다.

> 연실이의 고향은 평양이었다.
>
> ─ 김동인, 「김연실전」

이렇게 시작하는 「김연실전」은 옛 감영의 이속(吏屬)과 퇴기 사이에서 태어난 연실이 신식 학교인 진명여학교를 거쳐 도쿄로 유학을 떠나서는 방종에 가까운 '자유연애'를 실천하는 얼치기 문학소녀로 변모하는 과정을 다룬다.

생모를 여의고 의붓어미 슬하에서 성장한 연실은 불우한 환경 탓에 한껏 삐뚤어진 인물로 그려진다. "어린 마음에도 온갖 사물에 대한 반항심만 성장"한 소녀 연실은 "학우들이 대개가 기생의 자식"인 진명여학교에 다닌 2년 동안 더더욱 반항적이며 제멋대로인 성격으로 나아간다.

> 규칙 없이 순서 없이 너무도 급급히 수입한 자유사상 아래서 교육받으며 진명학교 학우들 틈에서 자라는 이 년간에 연실이의 마음에 가장 커다랗게 돋아난 싹은 반항심이었다.
>
> ─김동인,「김연실전」

반항적인데다 무지하고 무모하기까지 한 연실은 지옥 같은 집에서 벗어날 방도로 일본 유학 결심을 굳히고 젊은 남자 선생한테서 일본어 개인 교습을 받는다. 과년한 처녀와 젊은 사내가 한 방에 마주 앉아 있자니 결국 사달이 나고 만다. 선생이 연실을 강제로 범한 것. 그런데 그 상황에서도 연실은 "그것은 연실이가 막연히 아는바 사내와 여인이 하는 노릇으로, 선생은 사내요 자기는 여인이니 당하게 되면 당하는 것이 당연한 일쯤으로 여겼다." 스스로는 아무런 성적 쾌감도 느끼지 못하면서도 연실이 그 뒤 선생의 요구에 번번이 응한 것은 그의 왜곡된 성 관념과 도덕의식의 부재를 말해 주는 셈이다. 비록 자신을 박대하였다고는 하지만 엄연히 의붓어미 소유인 거액을 훔쳐서 도쿄 유학길에 오르면서도 아무런 죄

책감을 느끼지 못하는 대목도 마찬가지다.

> ─ 우리는 선각자외다. 조선 이천만 백성 중에 절반을 차지하는 일천만 여자가 모두 잠자고 현재의 노예 생활에 만족해 있을 때에 (……) 포학한 남성의 손에서 일천만 여성을 구해낼 사람은 우리밖에 없습니다.
> ─ 김동인, 「김연실전」

도쿄의 학교에 입학한 연실이 '조선 여자유학생 친목회'에 처음 출석해 들은 회장의 연설이었다. 이 말을 들을 때의 연실의 반응은 어떠했을까.

> 조선의 여자가 어떻게 구속되고 어떤 압박을 받고 있는지는 모르지만 이전에 진명학교 창립 선생도 그런 말을 하였고 지금도 또 여기서도 그런 말을 하는 것을 보니, 그것이 사실인 모양이었다.
> ─ 김동인, 「김연실전」

이렇듯 스스로는 아무런 생각도 판단도 하지 못하면서 남들이 하는 말에 휘둘리고 조종당하는 연실의 모습은 가히 백지 내지는 백치라 할 법하다. 그런 그가 '선각자가 되리라. 우리 조선 여성을 노예의 처지에서 건지어 내리라' 다짐하는 장면은 코믹하다기보다는 차라리 슬프게 다가오지 않겠는가.

이런 연실이 문학에 입문한 것 역시 우연적이며 즉흥적이었다.

기숙사 방장인 상급생이 그의 부족한 일본어 실력 향상을 위해 권한 것이 소설 읽기였다. 『젊은 베르테르의 슬픔』을 필두로 한 소설들은 그로 하여금 문학과 예술이라는 새로운 영토를 발견하게 만들었다. 그에게 소설을 소개했던 방장이 "긴상, 조선에 문학이 있어요?"라는 질문에 이어 "긴상, 조선의 장래 여류 문학가가 되세요"라 권한 것이 그의 운명을 결정지었다. 이제 그에게는 조선 여성을 노예 상태에서 구원할 선각자요, 조선의 신문학을 주도할 '여류 문학가'라는 두 가지 목표가 생겼다.

주로 "연애를 재미나고 자릿자릿하게 적은" 소설을 읽은 탓에 연실에게는 문학이 사실상 연애와 동의어로 다가온다. '인생의 연애는 예술이요, 남녀간의 예술은 연애니라.' 스스로 만들어 낸 이런 금언(金言)을 실행에 옮기느라 그는 적극적으로 연애에 나선다. 그는 제멋대로 연애 상대로 찍은 남학생을 무턱대고 찾아가 산보를 하다가는 막차를 놓쳤다는 핑계로 그의 하숙방에서 하루를 묵으며 결국 동침을 하기에 이른다(그 결과 남자에게 치마를 덮어씌웠다는 뜻으로 '감투장사'라는 별명이 따라붙는다). 사실인즉 책에서 본 연애를 현실에서 흉내 낸 것에 지나지 않는데다 여전히 성적 쾌감을 느끼지 못할 뿐더러 사랑의 감정적 차원에 대해서도 낯설기만 한 연실로서는 그런 연애란 말하자면 껍데기뿐인 연애에 지나지 않았다.

일단 자유연애의 길에 나선 연실은 남녀공학인 탓에 연애의 여건이 한층 좋은 음악학교로 옮겨서는 "여러 남학생들과 단 하룻밤씩의 연애를" 즐긴다. 이른바 원 나잇 스탠드다. 급기야 유학생 기

관지에 '여자 유학생에게 경고하노라'는 제목으로 연실의 문란한 행실을 폭로하고 비판하는 글이 실리기에 이르는데, 이에 대한 연실의 대처가 또한 문제적이다. 동무요 선배인 최명애의 충고를 좇은 그의 해결책인즉, 자신을 고발하는 글을 쓴 당사자인 맹호덕을 찾아가 유혹해 아예 애인으로 만들어 버리는 것이다. 이쯤 되면 명색이 학생이다뿐이지 기생 뺨치는 면모라 해야 하리라.

김동인의 소설은 이쯤에서 돌연 마무리되는데, 마지막으로 연실이 진명학교 시절 동무에게 보낸 편지의 한 구절을 인용하는 것을 잊지 않는다. "갈 길을 몰라서 헤매는 일천만의 조선 여성에게 광명을 보여주기로 단단히 결심하였습니다." 글쎄, 소설 속에 그려진 대로라면 연실이 동포 여성들에게 열어 보여줄 광명이 도대체 어떤 성질의 것일지 궁금하지 않을 수가 없다.

정이현(1972~)의 단편「이십세기 모단걸— 신 김연실전」(2002)은 제목에서 보듯 동인의 「김연실전」을 '다시 쓴' 작품이다. 이 경우에 '다시 쓰기'란 원작의 틀을 그대로 가져오되 관점과 주제에서는 정반대되는 방향을 택함으로써 원작을 비꼬고 공격하고자 하는 의도를 지니게 된다. 그러니까 선행 작품에 대한 존경의 뜻을 담은 오마주와는 상반되는 성격의 패러디가 「이십세기 모단걸— 신 김연실전」이다.

"그녀에 관한 또 하나의 새로운 이야기"를 표방한 이 소설 역시 "연실의 고향은 평양이었다"는 문장으로 문을 연다. 기생 출신 어미에게서 난 서자라는 사실 또한 동인의 소설 속 정황과 다르지 않다(기생조합 출신이었던 생모는 정실 자리를 약속한 연실 아비한테 속아서 첩실이 되었고, 결국 연실 나이 여섯 살 무렵에 편지 한 장을 남기고는 사라져 버린다). 그러나 어릴 적부터 "유난히 총기 있고 말도 빠른" 아이였으며 그 영특함을 높이 산 아비의 배려로 신식 학교에 들어가게 된다는 데서부터 두 '연실'의 행로는 크게 갈린다. 의붓어미는 그 학교가 기생학교라는 항간의 소문을 전하지만, "황실 엄비(嚴妃)의 하명을 받아 애국 청년 지사가 설립했던 여학교가 기생 양성소일 까닭은 없"다는 게 연실의 판단이다.

생모를 닮아 유난히 명민했던 연실은 2년 뒤 졸업식에서 우등상을 받고 졸업생 대표로 연설을 한다. "여러분, 우리는 혜택받은 사람들입니다. 조선 천지에 무지몽매한 우리 동포들을 (……) 우리가 한마음으로 노력하여 그들을 계몽하여야 합니다." 선각자요 다수 민중한테 빚을 진 선택받은 엘리트라는 자각이 순전히 연실 자신한테서 나온 것임을 알 수 있다.

이런 연실이 일본으로 유학 가게 된 것 역시, 동인의 소설에서와 달리, 부모의 결정에 따른 것이었다. 정이현의 소설에서도 도쿄에서 학교에 입학한 연실은 일본어 실력 향상을 위해 기숙사 동료한테서 책을 권해 받는데, 입센의 희곡 『인형의 집』이 그것이었다. 동인의 소실에서 낭만적 사랑의 메신저와도 같은 『젊은 베르테르의 슬픔』을 권해 받았던 연실이 여기서는 여성 해방 지침서라 할 『인형의 집』을 접하게 된다는 설정은 시사적이다. 이 책을 필두로

도서관에 꽂힌 세계 명작들을 섭렵하는 동안 연실이 '문학가, 조선 최초의 여성 문학가가 되리라, 붓으로써 조선에 광명을 주리라!' 다짐하게 되었을 때 그것은 동인의 소설에서와 같은 얼치기 문학 소녀의 감상과는 전혀 질이 다른 것이었다.

　동인의 소설에서 연실의 인격적 파탄에 대한 결정적인 증거 정도로 묘사된 맹호덕과의 관계 역시 여기서는 전혀 달리 그려진다. 연실과 맹호덕이 처음 만나기는 유학생 문학청년 모임에서였다. 연실의 습작 소설이 유학생 잡지에 실린 것을 계기로 모임에서 연실을 초청해 왔던 것. "한길을 가는 동지들을 만나게 된다는 순수한 희망에 부풀어" 모임에 참석한 연실은 우선 모임 구성원들이 하나같이 남학생이라는 사실에 당황한다. 더 당혹스러웠던 것은 회합이 끝난 뒤 반 강제로 끌려간 술집에서였다. 모임에서는 우국지사연하며 큰소리치던 맹호덕이 "여염집 규수가 사내들 술시중 든다"며 핀잔을 놓다가는 "앙탈하지 말고 잔이나 채우라"는 식으로 좌충우돌하며 연실을 한껏 희롱하다가 분개한 연실의 꾸중을 듣고는 먼저 자리를 박차고 나가 버린다.

　이보다 더욱 어이없고 괘씸한 일이 연실을 기다리고 있었다. 그렇게 불쾌한 상태에서 헤어졌던 맹호덕이 며칠 뒤 꽃을 들고 기숙사로 찾아오더니 연실의 거부 의사에도 아랑곳하지 않고 "운명적 사랑" 운운하며 매일같이 나타나는 것이 아닌가. 결국 기숙사 사감의 경고를 들은 연실이 맹호덕을 설득할 생각으로 산보에 나서는데, 호젓한 강둑에 이르자 야수처럼 덤벼드는 호덕…… 힘에 부친

연실은 급기야 그의 사타구니를 걷어차고서야 위기에서 벗어난다.

동인의 소설에서 등장했던 여자 유학생에 대한 경고문이 여기서도 등장한다. '조선 여 유학생에게 고하노라 — 어느 방탕한 여학생에게 보내는 경고의 서'라는 제목으로 되어 있는 이 글은 그러나 맹호덕과 연실의 이야기를 완전히 거꾸로 서술한 다음 "이는 우리로 하여금 음탕한 피라는 것이 과연 따로 있다는 유전과학적 의문을 품게 하는 일이 아닐 수 없다"며 애꿎은 어미까지 걸고넘어지지 않겠는가. '장난삼아 동무한테 한 말이 와전되었다'는 비겁한 변명을 하는 호덕의 얼굴에 침을 뱉어 준 뒤, 연실은 그때까지도 고스란히 간직해 오던 삼단 같은 머리채를 제 손으로 잘라낸다(모종의 독한 결심을 했다는 뜻이겠다). 정이현의 소설 역시 이 대목에서 문득 마무리되거니와, 여기서는 김연실이 아닌 실존 인물 김명순의 소설 「칠면조」(1921)의 한 대목이 인용된다.

> 내 자신아, 얼마나 울었느냐. 얼마나 앓았느냐. 또 얼마나 힘써 싸웠느냐. 얼마나 상처를 받았느냐. 네 몸이 훌훌 다 벗고 나서는 날, 누가 너에게 더럽다는 말을 하랴.
>
> — 김명순, 「칠면조」

김동인과 정이현의 두 '김연실전'은 동일한 인물의 행적을 상반된 관점에서 서술한다. 김동인의 소설 말미에는 "이 갸륵한 선구녀가 장차 어떤 인생 행로를 밟을지 후일담이 무론 있을 것"이라는 구절도 나오거니와, 두 소설은 모두 김연실의 길지 않은 생애의 전반기만을 다루고 있을 뿐 그 뒤의 이야기는 짐작에 맡기고 있다. 모델이 된 김명순에 관한 전기적 사실은 비교적 객관적으로 확인 가능한 만큼, 그런 상황으로 나아가기까지 김연실(김명순)의 전사(前史)를 캐 보자는 것이 두 소설 모두의 의도라 하겠다. 동인은 연실이 처음부터 방종하고 문란한 소질을 지녔음을 역설하고, 정이현은 그가 남성들의 폭력과 왜곡에 대한 반발과 투쟁으로서 자신을 내던진 것이라는 사실을 암시한다. 두 소설의 발표 시기가 60년 이상 거리를 두고 있다는 점, 그리고 동일한 사안일지라도 남성과 여성이 보는 관점이 다를 수밖에 없다는 점이 두 소설로 하여금 이처럼 선명한 대립각을 세우게 만들었을 터이다. 세대 및 성별 차이가 초래한 다툼의 중재자로서 김병익의 흥미로운 책 『한국문단사: 1908-1970』 중 김명순을 비롯한 1세대 여성 문인들에 관한 서술을 들어보자.

> 그들이 불행해야 했던 것은, 당시의 풍속과 사고가 그녀들의 이상에 미치지 못했을 뿐 아니라 오히려 악용한 데서 온 것이며, 이 이상과 현실 간의 거리에서 방황한 그녀들은 결국 그 시대의 제물이 되지 않을 수 없었다.

김동인, 「김연실전」, 『김동인 단편전집 2』, 가람기획, 2006
정이현, 「이십세기 모단걸-신 김연실전」, 『낭만적 사랑과 사회』, 문학과지성사, 2003

8

인텔리로 사는 괴로움
vs
인텔리를 보는 지겨움

　　　　송경아(1971~)의 단편소설 「치숙」은 채만식(1902~1950)이 쓴 같은 제목의 단편에 대한 일종의 오마주라 할 수 있다. 채만식의 「치숙」은 1938년 〈동아일보〉를 통해 선보였고, 송경아의 「치숙」은 2002년 겨울호 계간 〈문학·판〉에 발표되었다. 송경아는 자신의 단편이 선배 작가에 대한 오마주라는 사실을 소설 첫머리에서부터 분명히 한다. 두 작품의 도입부를 비교해보자.

　　　우리 아저씨 말이지요? 아따 저 거시키, 한참 당년에 무엇이냐 그놈의 것, 사회주의라더냐 막덕이라더냐, 그걸 하다 징역 살고 나와서 폐병으로 시방 앓고 누웠는 우리 오촌 고모부 그 양반……

　　　　　　　　　　　　　　　　— 채만식, 「치숙」 시작 부분

　　　우리 외삼촌 말이지요. 대학원 박사과정 다니는 삼촌. 그게 참, 난 우리 삼촌이 뭘 하는 건지 도대체 모르겠어요. 방에다 책은 잔뜩 쌓아놓고 매일 그걸 뒤적이기는 열심히 뒤적이는데…… 담배는 뻑뻑 피워대, 술을 마셨다 하면 늦게 들어와, 또 그런 날은 내가 학교 가는 시간 넘도록

까지 침대에 누워 뒹굴거려.

— 송경아, 「치숙」 시작 부분

소설 제목인 '치숙'이란 한글로만 보아서는 요령부득이고, 한자를 표시해 주어야 비로소 뜻이 들어오는 말이다. '痴叔', 그러니까 바보 아저씨라는 뜻이다. 채만식과 송경아의 소설은 모두 조카인 화자가 보기에 바보 같기만 한 아저씨의 이야기를 들려준다. 채만식의 소설에서는 화자의 오촌 고모부가, 그리고 송경아의 소설에서는 외삼촌이 각각 그 바보에 해당한다.

조카들의 눈에 바보로 비친 두 아저씨들 사이에는 모종의 공통점이 있다. 채만식의 '아저씨'는 앞에서 인용한 조카의 말에도 나오다시피 일제 하에서 사회주의 운동을 하다가 감옥 신세까지 지고 나온 처지이며, 송경아의 '외삼촌'은 대학생 시절 학생운동에 열심히 참여했으며 지금 다니는 사회학과 대학원을 마친 뒤에는 시민 단체에서 일할 생각을 가지고 있다. 한마디로 체제에 동화되기를 거부하고 삐딱한 비주류의 삶을 사는 인물들인 것이다.

더욱 문제적인 것은 두 인물 모두 남들보다 훨씬 공부를 잘했고 또 많이 했음에도 세속의 기준으로 보아서는 실패한 삶을 살고 있다는 사실이다. 두 조카들의 눈에 자기 아저씨가 가장 이해할 수 없고 한심해 보이는 지점이 바로 그 대목이다.

자, 십 년 적공, 대학교까지 공부한 것 풀어먹지도 못했지요. 좋은 청춘 어영부영 다 보냈지요. 신분에는 전과자라는 붉은 도장 찍혔지요. 몸에는 몹쓸 병까지 들었지요.

— 채만식,「치숙」

만약 우리 증조할아버지네 집안이 그렇게 치패를 안해서 나도 전문학교나 대학교를 졸업을 했으면 혹시 우리 아저씨 모양이 됐을지도 모를 테니 차라리 공부 많이 않고서 이 길로 들어선 게 다행이다 …… 이런 생각이 들어요.

— 채만식,「치숙」

"그래 어렸을 때 공부 잘하면 뭐 해? (……) 1학년 때 자기 동기애가 죽었다고 대학 다니는 내내 운동권만 쫓아다니다가 한세월 다 보내고. (……) 정신적 고뇌래. 그래, 배부른 소리라니까."

— 송경아,「치숙」

"삼촌은 그렇게 공부를 많이 했는데 왜 돈을 못 벌어요?"

— 송경아,「치숙」

이 영악한 조카들의 생각에 공부의 쓸모란 돈을 벌고 '성공'하는 데 있는 것이며 그렇지 않은 공부란 허무하거나 심지어 해로운 것일 따름이다. 채만식의 화자는 명색이 아저씨를 두고 "어디루 대나 그 양반은 죽는 게 두루 좋은 일인데 죽지도 아니" 한다고 개정을

낸다. 송경아의 화자는 삼촌을 지금처럼 망친 범인으로 공부를 지목한다.

"공부 열심히 하면…… 많이 하면…… 삼촌처럼 돈도 못 벌고…… 여자 친구한테도 차이고…… 공부는 무서워요……. 엄마, 나 공부하라 그러지 마……. 난 의사 될 거야……."

— 송경아, 「치숙」

두 소설의 화자가 모두 이른바 '신뢰할 수 없는 화자(unreliable narrator)'라는 사실은 이 작품들을 읽는 별도의 독법이 필요하다는 것을 말해 준다. 송경아의 화자가 초등학교 3학년인 어린아이인 데 비해 채만식의 화자는 스무 살 정도의 나이로 짐작된다. 이 두 조카들이 자신의 오촌 고모부와 외삼촌에 대한 이야기를 들려주며 그들을 바보 같다고 헐뜯는 것이 소설의 외양이지만, 이들이 신뢰할 수 없는 화자인 이상 그들의 말을 액면 그대로 받아들여서는 곤란하다. 오히려, 일반적으로 신뢰할 수 없는 화자의 말은 거꾸로 새겨들어야 한다는 것이 이 장치의 오래된 묵계라 할 수 있다. 단순하게 말하자면, 두 소설에서 진짜 바보는 화자들이 바보로 지목하는 아저씨들이 아니라 그런 화자들 자신이라는 뜻이다.

오마주 관계인 두 소설은 60년 남짓 시차를 두고 발표되었으며, 그런 만큼 기본적인 틀에서의 공통점에 못지않게 구체적인 세목에서의 차이 역시 존재한다. 채만식의 소설에서 두드러지는 것은 화자인 조카가 당시 일제의 지배 이데올로기였던 내선일체 이념에 깊숙이 침윤되어 있다는 점이다.

> 우리 다이쇼도 한 말이 있고 하니까 나는 내지인 규수한테로 장가를 들래요. (……)
> 내지 여자가 참 좋지요. 나는 죠선 여자는 거저 주어도 싫어요. (……) 그리고 내지 여자한테 장가만 드는 게 아니라 성명도 내지인 성명으로 갈고 집도 내지인 집에서 살고 옷도 내지 옷을 입고 밥도 내지식으로 먹고 아이들도 내지인 이름을 지어서 내지인 학교에 보내고……
> ― 채만식, 「치숙」

몸과 마음은 물론 혼까지도 철저히 일본식을 따르겠노라는 조카의 맹랑한 다짐 바탕에는 아저씨가 '아편처럼' 빠져들었다는 사회주의에 대한 증오심이 자리하고 있다. 그는 사회주의란 것이, 게을러서 가난한 자들이 부지런해서 잘사는 이들의 재산을 힘으로 빼앗아가려는 깡패 짓이라 생각한다. 물론 그가 존경하는 '다이쇼'한테서 배운 논리다.

> 짓이 부랑당 짓일 뿐 아니라, 또 만약에 그러기로 들면 게으른 놈은 점점 더 게으름만 부리고 쫓아다니면서 부자 사람네가 가진 것만 뺏어먹을 테니 이 세상은 통으로 도적놈의 판이 될 게 아니요?
> ― 채만식, 「치숙」

채만식 소설 주인공의 사회주의에 해당하는 것이 송경아 소설 주인공에게는 학생운동과 시민운동일 것이다. 여기서 외삼촌은 의사가 되겠다는 어린 조카에게 무의촌이나 아프리카의 가난한 나라에 가서 인술로서의 의술을 펼치는 삶을 제안해 보지만, 조카에게는 그의 말이 외계 언어처럼 낯설고 불편하게 다가올 뿐이다.

송경아의 소설에서 학생운동을 거쳐 시민운동에 투신하려는 주인공의 계획에 대한 좀더 심각한 태클은 여자 친구로부터 온다. 화자인 조카가 우연찮게 엿듣게 된 대화에서 삼촌의 여자 친구는 단호하게 말한다.

> "난 당신이 좋아. 하지만 평생을 당신한테 희생하는 게 낙이었던 당신 어머니나, 당신 때문에 대학 못 간 당신 누나처럼은 못 살아. 내가 왜 그렇게 살아야 해? 나도 우리 엄마 귀한 자식인데. 당신은 자기 하고 싶은 일을 하는 것에 왜 그리 당당해? 당신은 내가 좋다면서, 당신이 책임지고 돈 벌 테니 나 하고 싶은 일 다 하라고 말이라도 해 준 적 있어?"
>
> ─ 송경아, 「치숙」

가족과 생계에 대한 대책 없이 자신의 고귀한 이상만 붙좇는 외삼촌을 향해 "당신은 마초야"라고 비난하는 여자 친구를 철없는 조카와 동궤에 놓고 비판할 수는 없는 노릇이다. 무릇 남자와 여자의 역할 및 포부가 다를 수 없다는 인식에서 송경아의 소설은 채만식 소설에 비해 확실히 한 걸음 더 나아갔다고 할 수 있을 것이다.

그러나, 그렇다고 해서 외삼촌의 무능력과 무책임을 마냥 탓할 수만도 없는 것이 또한 사실이다.

두 「치숙」에서 주인공들이 주변 사람들에게 불러일으키는 오해와 갈등은 근본적으로 동일한 원인을 지닌다. 세속적 성공에 집착하지 않고, 일신의 안위보다는 공동체 전체의 삶의 질 향상을 위해 자신을 바치려 하는 데에서 그들은 주변 사람들과 부딪치는 것이다. 그때나 지금이나 세상은 이런 사람들을 필요로 할 만큼 허술하고 못나빠졌다. 그러니, 이렇게 말할 수도 있겠다. 채만식의 소설에서부터 송경아의 소설까지 60여 년의 세월이 흘렀고, 그사이 한반도는 식민 지배에서 벗어나 (두 개의) 독립국가가 되었지만, 두 세상의 본질은 바뀌지 않았노라고. 송경아가 또 한 편의 「치숙」을 쓴 까닭이 바로 여기에 있었노라고.

채만식, 「치숙」, 『태평천하 – 채만식 작품선』, 김경수 엮음, 현대문학, 2010
송경아, 「치숙」, 〈문학·판〉, 2002년 겨울호

9
메밀꽃 필 무렵, 아비와 아들은

"그럼, 지금 나보고 봉평에 가달라는 겁니까?"

— 이순원, 「말을 찾아서」

이순원(1957~)의 단편소설 「말을 찾아서」(1997)는 주인공인 '나'(소설가 이수호)의 이런 질문으로 시작된다. 그는 전화기를 들고 있고 그가 통화하고 있는 상대는 어느 사보의 편집자다. 사보 편집자는 그에게 이효석(1907~1942)의 단편 「메밀꽃 필 무렵」(1936)의 무대인 봉평(강원도 평창군)을 다녀와서 문학기행 성격의 원고를 써달라고 청탁하는 중이다. "독자들이 작품과 작품 배경을 이해하기 쉽게 작품 얘기 반, 작품 무대 얘기 반"으로 구성된 글을 편집자는 원하고 있다.

'나'의 항의성 질문은 그런 청탁에 대한 거부감을 대신하고 있는 셈이다. 그는 사실 대학에 다니던 1970년대 후반에 이미 봉평이며 대화, 진부 같은 「메밀꽃 필 무렵」의 무대를 답사한 바 있으며, 그보다 더 어린 시절에도 개인적인 사연 때문에 고향 강릉에서 봉평까지 혼자 여행했던 적이 있다. 그런데도 그가 원고 청탁에 뜨악한

반응을 보인 까닭은 무엇일까.「말을 찾아서」는 그가 느끼는 거부감의 바탕에 있는 사연을 차례로 캐 올린다.

거부감을 낳은 일차적인 원인은 며칠 전 새해 벽두에 꾼 말 꿈에 있었다. 안장과 고삐도 없는 붉은 맨몸의 말 한 마리가 그에게 다가와 히히힝, 소리를 지르듯 주위를 맴돌았던 게 그가 꾼 말 꿈의 전부다. 그러나 그 꿈은 그보다 두 달 전쯤 일본에서 열린 문학 심포지엄에 참가했다가 엉겁결에 말 사시미를 먹고 탈이 났던 기억을 떠오르게 하고, 그 기억은 다시 그로 하여금 그토록 말고기에 심리적 저항감을 지니게 작용한 특별한 개인사(史)로 독자를 안내한다.

그의 개인사의 특별함은 그가 초등학교 4학년 나이에 손(孫)이 없던 당숙의 양자로 들어갔다는 사실로 요약된다. 당숙은 마차를 끄는 노새를 부린다고 해서 '노새 애비'라는 별칭으로 불렸고, 그의 양자로 들어간 '나'에게는 '노새집 양재'라는 별명이 자연스레 따라붙었다. 그러나 어린 '나'에게 그 별명은 수치스럽고 혐오스럽게만 다가왔다. 양부모가 된 당숙과 당숙모의 헌신적인 사랑도 그의 수치심과 혐오감을 씻어 주지는 못했다. 그렇게 3년이 흘러 '나'가 중학교 1학년이 된 해의 어느 날, 동료 마부들 앞에서 아버지 행세를 하려는 당숙에게 '나'가 모욕감을 준 일이 계기가 되어 당숙은 노새를 몰고 집을 나가 돌아오지 않는다…….

「말을 찾아서」의 뒷부분은 뒤늦게 자신의 철없는 언행을 후회하게 된 '나'가 봉평 어디의 산판장에 가 있다는 당숙을 찾아 데려오는 이야기에 할애된다.

"대관령 아래 면소재지 마을까지 20리를 걸어나가 강릉에서 올라오는 대화행 완행버스를 타고 먼지 풀풀 날리는 아흔아홉 굽이 고갯길을 넘어 세 시간 반 만에 가닿은 곳이 봉평이었다." 차를 타기 위해 걸어나온 시간에다 차를 기다리거나 갈아타느라 지체한 시간이 더해져, "아침 일찍 나온 걸음이었는데도 오후 늦게야 그곳에 닿았다."

봉평에는 무엇이 있었던가. "어른들의 눈을 피해 그 나귀의 왕자표 노새자지를 툭툭 건드리며 나귀를 못살게 구는 각다귀 떼들(장터 아이들)"이 있었고, "그들(장돌뱅이들)은 여전히 등짐이 아니면 나귀에 물건을 싣고 이 장 저 장을 떠돌아다녔다."(괄호 안은 필자)

「메밀꽃 필 무렵」을 읽은 이라면 기억하리라. 나귀를 타고 봉평장에서 대화장, 제천장으로 떠돌아다니던 허생원이니 조선달이니 동이니 하는 장돌뱅이들을. 그리고 주인공 허생원의 당나귀를 장난삼아 괴롭히던 장터의 어린 악동들을 가리켜 쓴 단어 '각다귀'를. 그렇다. 이곳 봉평은 바로 「메밀꽃 필 무렵」의 무대였고, 중학교 1학년생 '나'가 찾아갔던 1969년의 봉평은 그 작품이 쓰여진 1936년의 모습과 크게 다르지 않았던 것. "그러니까 나는 아직 이효석의 「메밀꽃 필 무렵」을 읽기도 전 그 소설의 무대를 거의 원형에 가깝게 보았던 셈이다."

그 자신 나중에 커서 소설가가 되리라고는 아직 생각하지 못했을 '나'가 일찌감치 「메밀꽃 필 무렵」의 무대 봉평을 '답사'한 것은 어쩌면 운명이 아니었을까. 게다가 그가 봉평에서 양아버지인

당숙과 상봉하는 장면은 어쩐지 「메밀꽃 필 무렵」을 떠오르게 한다. 두 사람이 만난 곳은 진부옥이라는 이름의 식당 겸 술집. 양아버지는 뒤늦게 자식을 바라고 그곳 여자와 살림을 차렸다는 소문이 돌았던 터였다. 양아들이 왔다는 소식을 들은 당숙이 산판에서 내려와 진부옥으로 '나'를 불러서 둘은 그곳에서 석 달 만에 상봉하게 된다. 이 장면을, 충주집에서 허생원과 동이가 마주치는 「메밀꽃 필 무렵」의 장면과 비교해 보자.

충주집 주모인즉 "생각만 하여도 철없이 얼굴이 붉어지고 발밑이 떨리고 그 자리에 소스라쳐버"릴 정도로 허생원의 마음을 앗아간 여자. 그런 여자를 꿰차고 아직 해도 떨어지기 전부터 술을 마시고 있던 동이를 발견한 허생원은 "결김에 따귀를 하나 갈겨주"기에 이른다. 명분이야 아직 어린 동이에게 어른으로서 따끔한 충고를 한다는 것이었지만, 따지고 보면 암컷 하나를 사이에 둔 두 수컷의 다툼 아니었겠는가(그런 점에서, 밖에 매어놓은 허생원의 나귀를 두고 아이 녀석들이 하던 말, "늙은 주제에 암새를 내는 셈야. 저놈의 즘생이"는 나귀가 아니라 허생원 자신을 겨냥한 편잔이라는 내포적 의미를 지니게 된다). 요컨대 유전자, 그러니까 '씨'를 둘러싼 경쟁이라 할 것이다. 게다가, 나중에서야 윤곽이 드러나거니와, 허생원과 동이는 어쩌면 유전자를 건네주고 건네받은 아버지와 아들 사이일지도 모르던 것.

「말을 찾아서」에서도 양아버지와 양아들 사이의 갈등과 화해는 '씨'를 둘러싼 소동으로 볼 수 있다. 양자라는 제도를 통해 상징적 유전자 전승을 꾀했던 당숙이 '나'의 완강한 저항에 부닥치자 이번에는 생물학적 유전자 전파 쪽으로 눈을 돌렸고, 진부옥은 상징적 유전자와 생물학적 유전자 사이의 한판 대결의 장이 된 것이다 (당숙과 조카 사이의 생물학적 유전자 부분 공유는 여기서는 잠시 논외로 하자).

"아들이 없기는, 내가 노새냐? 아들이 없게. 애비 산에 가서 안 온다고 이렇게 여게까지 데리러 오는 아들이 있는데."

— 이순원, 「말을 찾아서」

정 붙일 아들이 없어서 떠돈다더니 이렇게 멀쩡한 아들이 나타난 게 웬 조화냐는 산판 동료들의 질문에 당숙은 의기양양해하며 대꾸한다. 암말과 수나귀 사이에서 태어나 생식 능력이 없는 노새가 은연중에 상징적 의미를 지니게 되는 대목이다. '노새 애비'라는 별칭으로 불리며 그 자신 사실상 노새 취급을 당했던 당숙에게 이제는 자신을 '아부제'라 부르는 아들이 나타난 것이다. 이렇듯 「말을 찾아서」는 아들의 (양)아비 찾기라는 외양을 지니고 있지만, 속내인즉 아비의 아들 찾기로 볼 수 있다.

「메밀꽃 필 무렵」의 모티프가 아비의 아들 찾기라는 사실은 잘 알려져 있다. 평생 "계집과는 연분이 멀었"던 허생원. "얼금뱅이 상판을 쳐들고 대어설 숫기도 없었으나, 계집 편에서 정을 보낸 적도 없었고 쓸쓸하고 뒤틀린 반생이었"던 그이지만 "뒤에도 처음에도 없는 단 한 번의 괴이한 인연"만은 소중하게 간직하고 있었으니, 물방앗간에서 마주친 성서방네 처녀와의 연분이 그것이었다.

단 하룻밤의 인연을 끝으로 처녀네 식구는 제천으로 이사했다 하고, 지금 허생원의 앞에 나타난 동이인즉 봉평 출신으로 제천에 살던 어미한테서 생겨났으나 아비가 누구인지는 본시부터 알지 못했노라는 것 아닌가. 소설은 왼손잡이 동이가 역시 왼손잡이인 허생원의 아들일 수 있다는 강력한 암시로 마무리된다. 왼손잡이가 유전되지 않는다는 과학적 근거와는 무관하게, 여기서도 아비는 마침내 아들을 찾은 것으로 보인다!

「말을 찾아서」에서 양아버지와 양아들이 봉평을 떠나 집으로 향하는 밤길 장면은 「메밀꽃 필 무렵」에서 허생원과 동이가 조선달과 함께 봉평을 떠나 대화 장으로 가는 밤길의 묘사를 떠오르게 한다. 「메밀꽃 필 무렵」의 저 유명한 대목과 그에 대한 후배 작가의 오마주라 할 대목을 차례로 읽어본다.

> 대화까지는 칠십 리의 밤길, 고개를 둘이나 넘고 개울을 하나 건너고, 벌판과 산길을 걸어야 된다. 길은 지금 긴 산허리에 걸려 있다. 밤중을 지난 무렵인지 죽은 듯이 고요한 속에서 짐승 같은 달의 숨소리가 손에 잡힐 듯이 들리며, 콩포기와 옥수수 잎새가 한층 달에 푸르게 젖었다. 산허리는 온통 메밀밭이어서 피기 시작한 꽃이 소금을 뿌린 듯이 흐뭇한 달빛에 숨이 막혀 하였다. 붉은 대궁이 향기같이 애잔하고 나귀들의 걸음도 시원하디. 길이 좁은 까닭에 세 사람은 나귀를 타고 외줄로 늘어섰다. 방울소리가 시원스럽게 딸랑딸랑 메밀밭께로 흘러간다.
>
> ─이효석, 「메밀꽃 필 무렵」

진부옥을 나온 다음 이부제와 나는 밤길을 걸었다. 아니 걷지 않고 마차 앞 자리에 타고 밤 늦도록 이목정까지 나왔다. 달이 없어도 별이 좋은 밤이었다. 아부제의 입에서 풍기는 술 냄새가 조금도 싫지 않았다. 노새는 연신 딸랑딸랑 방울을 울리고, 길 옆은 온통 옥수수밭이거나 감자밭, 올갈이 무와 배추를 뽑은 다음 씨를 뿌린 메밀밭이었다. 꽃 향기도 좋고 저녁 바람도 시원했다.

— 이순원, 「말을 찾아서」

나귀와 노새, 달의 있고 없음, 봉평에서 대화 방향과 강릉 방향…… 두 소설의 인용부 사이에서 차이를 찾자면 한둘이 아니겠지만, 그런 사소한 차이를 지워 버릴 정도로 큰 공통점이 양자에는 뚜렷하다. 나귀/노새의 방울 소리를 벗 삼아 밤길을 걷고 있는 '아비와 아들', 그리고 그들의 밤길을 인도하고 있는 메밀꽃의 향훈이 그것이다. 이 대목에서 상상력을 조금 더 발휘해 본다면, 말방울 소리와 메밀꽃 향기를 거느린 채 밤길을 가고 있는 '아비와 아들'을 이효석과 이순원이라 볼 수는 없을까. 그들이 걷고 있는 봉평의 밤길이란 곧 한국 문학사라는 호젓하고도 아름다운 꽃길인 셈이고.

이효석, 「메밀꽃 필 무렵」, 『메밀꽃 필 무렵 – 이효석 단편선』, 백지혜 엮음, 현대문학, 2010
이순원, 「말을 찾아서」, 『말을 찾아서』, 문이당, 1997

10

나란히 앉아 한곳을 바라보다

蘭이와 나는

산에서 바다를 바라다보는 것이 좋았다.

밤나무

소나무

참나무

느티나무

다문다문 선 사이사이로 바다는 하늘보다 푸르렀다.

蘭이와 나는

작은 짐승처럼 앉아서 바다를 바라다보는 것이 좋았다.

짐승같이 말없이 앉아서

바다같이 말없이 앉아서

바다를 바라다보는 것은 기쁜 일이었다.

— 신석정, 「작은 짐승」 1·2연

저물 무렵 그애와 나는 강둑에 앉아서

강물이 사라지는 쪽 하늘 한 귀퉁이를 적시는

노을을 자주 바라보곤 하였습니다

둘 다 말도 없이 꼼짝도 하지 않고 있었지만

그애와 나는 저무는 세상의 한쪽을

우리가 모두 차지한 듯싶었습니다

— 안도현, 「저물 무렵」

안도현(1961~)의 시 「저물 무렵」이 신석정(1907~1974)의 「작은 짐승」(1939)의 직접적인 영향 아래 쓰여졌다고 말하기는 어려울지도 모르겠다. 그러나 두 작품 사이에는 어딘지 닮은 면모가 적지 않다. 직접적이고 의식적인 영향이 아니라면 간접적이고 무의식적인 영향과 모방의 관계가 둘 사이에는 있는 것으로 짐작된다.

우선, 두 작품은 나란히 두 사람을 등장시키고 있다. 「작은 짐승」에서의 '난이와 나', 그리고 「저물 무렵」의 '그애와 나'가 그들이다. 두 작품 모두에서 등장인물 두 사람은 어딘가에 앉아서 다른 어딘가를 '바라보고' 있다. 「작은 짐승」에서는 산에서 바다를, 「저물 무렵」에서는 강둑에서 강물과 만나는 서녘 하늘을 두 사람은 각각 바라보는 것이다(「저물 무렵」에서도 "강물이 끝나는 곳에 한없이 펼쳐져 있을/ 여태 한번도 가보지 못한 큰 바다"라는 구절이 알려주듯, 눈에 보이지 않는 '바다'는 두 사람의 상상의 시야 속에 들어와 있다). 두 쌍은 각각 바다와 하늘을 바라보는 행위에만 열중할 뿐 "말없이"(「작은 짐승」) 앉아 있거나 "말도 없이 꼼싹도 하시 않고"(「저물 무렵」) 있다는 공통짐 역시 보인다. 그리고 그렇게, 말도 없이 어딘가를 나란히 바라보고 있는 것만으로 기쁨과 만족을 느낀다는 점 역시 비슷하다. 그렇다는 것은 두 사람이 서로를 사랑하고 신뢰하는 관계라는 사실을 뜻한다. '사랑은 마주 보는 것이 아니라 같은 곳을 바라보는 것'이라는 말을 상기해 보자.

「작은 짐승」은 전체가 4연으로 기승전결 구조를 보이는 데 비해, 「저물 무렵」은 33행짜리 한 연으로 이루어졌다. 후자가 좀더 다변인 셈인데, 「작은 짐승」이 '난이와 나'가 산에서 바다를 바라다보는 행위에 머무르는 반면 「저물 무렵」에서는 함께 한 방향을 바라보는 행위가 다음 단계로 좀더 나아가는 면모를 보인다.

> 蘭이와 내가
> 푸른 바다를 향하고 구름이 자꾸만 놓아 가는
> 붉은 산호와 흰 대리석 층층계를 거닐며
> 물오리처럼 떠다니는 청자기 빛 섬을 어루만질 때
> 떨리는 심장같이 자즈러지게 흩날리는 느티나무 잎새가
> 蘭이의 머리칼에 매달리는 것을 나는 보았다.
>
> ― 신석정, 「작은 짐승」 3연

> 그러던 어느 날 그애와 나는
> 누가 먼저랄 것도 없이 입술을 포개었던 날이 있었습니다

잊을 수가 없습니다 그애의 여린 숨소리를

열 몇 살 열 몇 살 내 나이를 내가 알고 있는 산수공식을

아아 모두 삼켜버릴 것 같은 노을을 보았습니다

― 안도현, 「저물 무렵」

「작은 짐승」에서 움직임을 보이는 것은 구름과 느티나무 잎새 같은 것들일 뿐 '난이와 나'는 그저 가만히 앉아서 그것들의 움직임을 바라볼 따름이다. 반면 「저물 무렵」에서는 "열 몇 살" 두 아이가 입술을 포개는 사건이 발생한다. 그런 점에서 「작은 짐승」이 정적이고 관조적이라면 「저물 무렵」은 동적이고 서사적이라 할 수 있다.

蘭이와 나는

역시 느티나무 아래서 말없이 앉아서

바다를 바라다보는 순하디순한 작은 짐승이었다.

― 신석정, 「작은 짐승」 4연

저물 무렵 그애와 나는 강둑에 앉아 있었습니다

그때 우리가 세상을 물들이던 어린 노을인 줄을

지금 생각하면 아주 조금 알 것도 같습니다

―안도현, 「저물 무렵」

두 시의 마지막은 주인공 두 쌍이 각각 "느티나무 아래"와 "강둑

에" 앉아 있는 장면으로 되돌아온다. 그렇게 앉아서 바다와 하늘을 바라보는 두 쌍은 각각 "작은 짐승"과 "어린 노을"에 견주어진다(두 시 사이의 상동관계가 좀더 철저해지기 위해서라면, 안도현 시의 제목은 「저물 무렵」이 아니라 「어린 노을」이 되었어야 했겠다).

앞서 말했듯이, 두 시 사이의 영향 관계는 확실하지 않다. 그럼에도 내가 두 작품을 한데 묶어서 거론해 보기로 마음먹은 것은 실은 안도현의 산문 한 편을 읽은 일이 계기가 되었다. 그 글의 제목은 「이름이 란이라는 여자애가 있었다」로, 이 제목을 표제로 삼은 합동 산문집에 실려 있었다(공동 저자는 정호승, 안도현, 장석남, 하응백).

> 이름의 끝 글자가 '蘭'인 여자애가 있었다. 나와 그애와의 연애는 스물두어 살 무렵부터 불이 붙기 시작하였다.

이렇게 시작되는 산문에서 안도현은 이름 끝 글자가 '蘭'인 여자애에게 신석정의 「작은 짐승」을 읽어 준다. 상대방은 그 시를, 자신을 위해 쓴 안도현의 작품으로 오해한다(그리고 안도현 자신은 그 오해를 굳이 해명하려 하지 않는다). 텍스트 너머의 이야기이지만, 그 연애는 결혼이라는 결실로 이어졌다(안도현이 스물두어 살 무렵에 만나 연애했고 결국 그의 부인이 된 이의 이름 끝 글자가 바로 '란'이다. 「저물 무렵」에 등장했던 '그애'라는 지칭이 이 산문에서 다시 등장하지만, 두 '그애'는 서로 다른 인물이다).

후배 시인의 연애에 '동원'된 작품이니 만치 「작은 짐승」의 두 주인공 '난이와 나'를 연인 사이로 헤아릴 법도 하지만, 신석정의 전기적 배경을 살펴보면 사정이 꼭 그렇지만은 않은 듯하다. 안도현이 이 시에 관해 쓴 또 다른 글에 따르면 '난이'는 신석정의 네 딸 중 둘째의 이름이라고 한다. 「작은 짐승」은 1939년 〈문장〉에 발표되었는데, 시인의 딸 '난이'가 1935년생인 점을 감안하면 시에 등장하는 '蘭이'는 너댓 살 정도 된 어린 소녀라는 것이 후배 시인의 추론이다. 게다가 일제 말의 암흑기라는 시대적 배경까지 고려해 보면 이 작품을 단순한 연애시로만은 읽을 수 없게 된다.

그렇지만, 「작은 짐승」의 '난이와 나'를 반드시 시인 자신과 그의 둘째 딸로 이해해야 하는 것은 아니다. 오히려, 그런 전기적 배경을 무시하고, 처음 짐작했던 것처럼 오붓한 연애시로 받아들이는 것이 이 작품을 더 잘 읽는 방법일지도 모른다. 왜 시인의 작의(作意)를 무시하고 작품을 제멋대로 이해하느냐고? 작품이 일단 작가의 손을 떠나면 그때부터 그 작품은 독자의 소유가 되는 것이라는 '진리'를 여기서 되풀이해야 할까? 작가의 애초 의도와 다른 방식의 작품 이해는 해당 작품을 왜곡하거나 망가뜨리기는커녕 더 새롭고 풍요롭게 만드는 법이다. 시인이 살아 있었더라도, 그처럼 변형되고 확장된 독법을 더욱 반길 것이라고 나는 생각한다.

신석정, 「작은 짐승」, 『신석정 전집 1』, 국학자료원, 2009
안도현, 「저물 무렵」, 『그대에게 가고 싶다』, 푸른숲, 1991

11

재가 된 신부의 한을
누가 풀어 줄 것인가

─── 미당 서정주(1915~2000)의 시집 『질마재 신화』(1975)에 실린 「신부(新婦)」(1972)의 내용은 잘 알려져 있다. 시집 속의 다른 작품들과 마찬가지로 행갈이에 인색한 산문투로 쓰여진 이 시는 신혼 첫날밤 신랑에게 버림받은 신부에 관한 설화를 들려준다. 신랑 신부가 첫날밤을 치르기 위해 신부네 집에 차려진 신방에 들었다가 오줌이 급해진 신랑이 뒷간에 가고자 서둘러 방을 나서는데, 무언가가 그런 신랑의 옷자락을 뒤에서 잡아당기더라는 것. 실인즉 방문 돌쩌귀에 옷이 걸린 것인데, 신랑은 그것이 음탕한 신부의 소행이라 생각하고는 옷이야 찢어지건 말건 뿌리치고 나서는 뒤도 돌아보지 않고 그 길로 집을 나가 돌아오지 않았다는 것. 그로부터 무려 40년인가 50년인가 지나서야 신부네 집 옆을 지나는 길에 문득 궁금해져서 신부 방 문을 열어 보았다는 것. 그런데 그 방 안에는 무엇이 있었던가.

新婦는 귀밑머리만 풀린 첫날밤 모양 그대로 초록 저고리 다홍치마로 아직도 고스란히 앉아 있었읍니다. 안스러운 생각이 들어 그 어깨를 가서 어루만지니 그때서야 매운재가 되어 폭삭 내려앉아 버렸읍니다. 초록 재와 다홍 재로 내려앉아 버렸습니다.

— 서정주, 「신부」

　이 기막힌 설화를 읽으면서 독자가 탄식을 내뱉게 되는 것은 크게 두 가지 이유 때문일 것이다. 하필이면 돌쩌귀가 신랑의 옷자락을 물고 늘어져서는 그런 엄청난 오해를 낳았다는 공교로움, 그리고 반세기 가까운 세월이 흐른 뒤까지도 첫날밤 모양을 그대로 유지하고 있다가 신랑의 뒤늦은 알은체에 그제서야 지난 세월을 한꺼번에 먹은 듯 순식간에 재로 변해 버린 신부의 한. 여기에다가, 정확한 사실 확인 없이 지레짐작으로 판단을 내리고는 엄청난 파장을 몰고 올 행동을 취해 버린 성급하고 어리석은 신랑에 대한 비판이 곁들여질 수도 있을 것이고, 적극 나서서 신랑의 오해를 푸는 대신 부당한 허물을 뒤집어쓰고 손해를 달게 받으며 가만히 앉아서 언젠가 진실이 밝혀질 날만을 기다리고 있는 신부에 대해서도 아쉬움과 안타까움을 표할 수 있을 것이다. 특히 페미니즘의 독법으로 이 작품을 다시 읽으면, 아마도 시인 자신은 결코 의도하지 않았을 낯설고 도발적인 결론이 도출될 가능성도 없지 않다.
　그러나 시인의 작의(作意)와 이 작품에 대한 관행적인 수용 속에서 「신부」는, 『질마재 신화』 속의 다른 작품들과 마찬가지로, 설화적 배경과 사건들을 통해 민족 고유의 정서에 호소하는 전통 미학의 한 본보기와도 같은 시로 자리매김되어 있다. 서구적 합리성의 잣대로 함부로 재단하는 것은 물론 제대로 이해하기조차 어려운

겨레의 마음자리를 오묘하게 포착한 작품이라는 것이다.

「신부」가 '질마재 시편'의 대표작 중 하나로서 유명세를 치르고 있는 데 반해, 이와 비슷한 이야기를 담은 선행 작품이 있다는 사실은 비교적 덜 알려져 있다. 조지훈(1920~1968)의 시「석문(石門)」(1940)이 그것이다. 박두진, 박목월과 함께 낸 합동시집『청록집』(1946)을 제하면 조지훈의 첫 개인 시집이 되는『풀잎 단장』(1952)에 실린 작품이다. 이 시 역시 미당의「신부」와 비슷한 모티프를 다루고 있다. 지훈의 고향인 경북 영양 일월산 아랫마을의 황씨 처녀가 자신을 좋아하던 마을의 두 총각 중 한 명에게 시집을 갔는데, 신혼 첫날밤 뒷간에 다녀오던 신랑의 눈에 신방 문에 어린 칼 그림자가 들어왔다. 마당의 대나무 잎 그림자를 칼로 잘못 본 것인데, 연적이 자신을 노리고 숨어 있는 것으로 오해한 신랑은 그 길로 달아나 버렸고, 신부는 원삼과 족두리도 벗지 않은 채 신랑이 돌아오기를 기다리다가 앉은 채로 숨을 거두었다. 오랜 세월이 흐른 뒤에야 오해가 풀린 신랑이 썩지 않고 첫날밤 모습 그대로 있는 신부의 주검을 수습하고는 사당을 지어 혼령을 위로했다…….

새신랑으로 하여금 첫날밤 신부에게 등 돌리고 줄행랑을 치게 만든 동기에는 약간의 차이가 있지만, 두 이야기는 놀랄 만큼 동일한 구조를 지니고 있다. 그렇다면 궁금해진다. 미당은 조지훈의 시「석문」을 통해 '억울한 신부의 죽음' 이야기를 접하고 그것을 자기 식으로 변주한 것일까, 아니면 조지훈의 고향과 마찬가지로 미당의 고향 질마재에도 비슷한 전설이 전해 내려온 것일까.

경위야 어쨌건 간에, 「석문」은 한을 품고 죽은 신부의 목소리를 빌려 사태를 서술한다.

> 당신의 손끝만 스쳐도 여기 소리 없이 열릴 돌문이 있습니다 뭇사람이 조바심치나 굳이 닫힌 이 돌문 안에는 石壁欄干 열두 층계 위에 이제 검푸른 이끼가 앉았습니다.
>
> —조지훈, 「석문」

억울하게 죽은 신부가 들어 앉아 있는 공간은 굳게 닫힌 석문으로 외부와 차단되어 있다. 돌로 된 문이니 웬만한 힘으로는 여닫기가 쉽지 않을 것으로 짐작된다. 그러나 그 문은 또한 그토록 기다리는 '당신'이라면 "손끝만 스쳐도" 스르르 열릴 쉬운 문이기도 하다. 신부의 한이 맺히고 응어리져 된 것이 돌문인 만큼 그 한을 풀어 줄 당사자의 손길 아래에서는 센서 달린 자동문처럼 한없이 온순하고 용이하게 작동하리라는 뜻이겠다.

> 몇만 리 구비치는 강물을 건너와 당신의 따슨 손길이 저의 흰 목덜미를 어루만질 때 그때야 저는 자취도 없이 한줌 티끌로 사라지겠습니다 어두운 밤하늘 虛空中天에 바람처럼 사라지는 저의 옷자락은 눈물어린 눈이 아니고는 보지 못하오리다.
>
> —조지훈, 「석문」

굳게 닫힌 돌문처럼, 첫날밤 모양 그대로 굳어 있는 신부의 형상 또한 '당신의 손길'이 있어야 비로소 티끌로 사라지겠단다. 사람이든 한갓 미물이든 일단 죽은 뒤에는 먼지와 흙으로 돌아가는 것이 순리다. 죽은 신부가 상기도 썩지 않고 생전의 모습을 유지하고 있다는 것이 결코 축복은 아닌 것이다. 축복은커녕 저주라고 보는 것이 「석문」과 「신부」의 공통된 관점이다. 그러니까 미라로 굳어 있는 신부의 주검이 순리에 따라 먼지로 돌아가도록 작용하는 신랑의 뒤늦은 손길이야말로 화해와 용서의 촉매라 하겠다.

「신부」에서 그 화해와 용서가 완결된 데 비해, 「석문」의 신부는 아직도 최후의 손길을 기다리고 있는 중이다. "당신의 그리운 얼굴이 이 희미한 불 앞에 어리울 때까지는 천년이 지나도 눈 감지 않을" 것이라며 신부는 사뭇 신랑을 압박한다. 더 나아가 이 시의 마지막 연은 일종의 '눈에는 눈' 식의 엄포와 협박조차 마다하지 않는다.

> 여기 돌문이 있습니다 怨恨도 사모치량이면 지극한 정성에 열리지 않는 돌문이 있습니다 당신이 오셔서 다시 千年토록 앉아서 기다리라고 슬픈 비바람에 낡아가는 돌문이 있습니다.
>
> —조지훈, 「석문」

이런 결론을 두고, 조지훈이 미당보다 신부의 처지와 심정을 더 잘 헤아렸다고 할 수 있을지 모르겠다. 나아가, 미당의 시가 조지훈의 시보다 늦게 씌어졌다는 점에서, 미당의 '퇴행적 미의식'을 지적할 수도 있으려나. 반대로, 사태의 한쪽 당사자인 신부의 목소리를 택한 지훈에 비해, 짐짓 객관적인 태도를 취함으로써 작품의 결말을 열어 놓은 미당의 성숙한 면모를 평가하는 관점도 있을 수 있겠다. 당신이 어느 쪽에 서든, 두 시를 비교해 가며 읽어 보노라면 한층 풍부하고 흥미로운 독서 체험을 만끽할 수 있을 것이다.

조지훈, 「석문」, 『조지훈전집 1-시』, 나남출판, 1996
서정주, 「질마재 신화」, 『미당시전집 1』, 민음사, 1994

12
구보씨, 문학사를 거닐다

──── 박태원(1909~1986)의 중편소설 「소설가 구보씨의 일일」 (1934)은 '한국형 소설가 소설'의 효시로 꼽을 만하다. 소설가를 주인공으로 등장시켜 그의 작가적 정체성과 소설가로서의 일상, 그리고 소설 쓰기에 관한 고민 등을 다루는 소설이 소설가 소설이다. 박태원의 이 작품에서는 소설가 구보씨가 주인공으로 등장하며 그의 하루 동안의 동선을 중심으로 이야기가 전개된다. 소설가인 주인공은 특별한 목적 없이 거리를 배회하거나 찻집과 술집 등을 순례하며 친구들과 어울린다. 목적이 없다고는 했지만 구보에게는 나름대로 뚜렷한 목적이 없지 않다. 그가 '모더놀로지오'라 일컫는 '고현학(考現學)'이 그것이다. 고현학이란 고고학에 대비되는 말로, 현대 사회와 현대인들을 연구의 대상으로 삼는 학문 분야를 가리킨다. 소설가 구보가 이 말을 쓸 때는 소설을 쓰기 위해 현실을 관찰하고 탐구하는 등의 취재 행위를 뜻하게 된다. 거리에 나선 그를 두고 작가는 "모두가 그의 갈 곳이었다. 한군데라 그가 갈 곳은 없었다"는 모순적인 진술을 하는데, 이것은 그의 배회가 무목적적인 시간 소모인 동시에 소설을 위한 취재 활동으로서의 고현학이

라는 두 가지 성격을 지니는 행위임을 말해 준다.

소설을 쓰기 위한 활동을 담고 있다는 점에서 이 소설은 또한 소설에 대한 소설, 그러니까 메타소설이라 할 수도 있다. 게다가, 소설의 주인공인 구보씨가 작자인 박태원 자신의 분신이라는 점에서는 이 작품을 일종의 사소설로 분류할 수도 있을 법하다. 소설가의 일상과 교제 범위, 행동반경과 사고방식 등을 두루 엿볼 수 있는 만큼 이 작품은 문단(풍속)사의 자료로서도 의미를 지닐 수 있게 된다.

이 다면적이면서도 실험적인 소설이 후배 작가들을 자극해 지속적인 패러디 작품으로 이어지게 되리라고는 아마 박태원 자신도 상상하지 못했을 터다. 월북 작가라는 이유로 박태원의 작품들이 금기에 묶여 있던 1969~1972년에 최인훈(1936~)은 무려 열다섯 편에 이르는 「소설가 구보씨의 일일」 연작을 써서 책으로 묶어냈다. 1990년대 초에는 주인석(1963~)이 다시 다섯 편의 「소설가 구보씨의 하루」 연작을 내놓았으며, 2000년대에 들어서도 윤후명(1946~)이 「소설가 구보씨의 하루」라는 제목을 단 연작 두 편을 발표했다. 소설은 아니지만, 오규원(1941~2007)의 1987년도 시집 『가끔은 주목받는 生이고 싶다』에는 「시인 구보씨의 일일」 연작 14편이 수록되기도 했다. 고전이 아닌 한국 현대 문학 작품 가운데 「소설가 구보씨의 일일」만큼 많은 패러디와 오마주의 대상이 된 경우도 달리 없을 것이다. 그렇다면 '원조' 「소설가 구보씨의 일일」의 어떤 매력이 이토록 후배 문인들을 사로잡은 것일까. 그리고 '원조'의 영향은 후배 작가들의 작품에 어떤 방식으로 나타나 있을까.

우선, 박태원의 소설은 구보가 정오 무렵에 집을 나와 거리를 배회하다가 다음날 새벽 두 시에 집으로 돌아가기까지를 그리고 있다. 젊은 건축학자 조이담(1967~)이 쓴 흥미로운 책 『구보씨와 더불어 경성을 가다』(2005)는 서울 청계천변 다옥정 7번지 집에서 출발해 광교와 종로 네거리를 지나 화신상회에 이른 다음 전차로 동대문을 거쳐 조선은행까지 이동한 뒤, 다시 도보로 낙랑파라와 남대문, 경성역, 제비다방, 광화문통 조선총독부 앞, 경성부청, 엔젤카페, 종로 네거리를 거쳐 다옥정 7번지 집으로 돌아오기까지 약 15.7킬로미터(전차 이동 구간 5.7킬로미터 포함)에 이르는 소설 속 구보의 동선을 정리해 놓은 바 있다.

"직업과 아내를 갖지 않은, 스물여섯 살짜리" 청년 구보는 "한 손에 단장과 또 한 손에 공책을" 무기 삼아 거리로 나선다. 지팡이가 그의 보행을 돕는 도구라면 공책은 그의 고현학에 필요한 수단인 셈이다. 그러나 어머니의 눈에 그런 아들은 도무지 요령부득인 텍스트와도 같다. "대체, 그 애는, 매일, 어딜, 그렇게, 가는, 겐가" 어머니는 궁금하다. 혹시나 싶어 "어디, 가니?" 하고 집을 나서는 아들의 등을 향해 질문을 던져 보아도 아들에게서는 좀처럼 대답이 돌아오지 않는다. "어머니는 어디 월급자리라도 구할 생각은 없이, 밤낮으로, 책이나 읽고 글이나 쓰고, 혹은 공연스레 밤중까지 쏘다니고 하는 아들이, 보기에 딱하고, 또 답답하였다." 생활과 상식의 인간인 어머니의 눈에 소설가 아들이란 제 속에서 나온 괴물처럼 여겨지지나 않았을지.

그런 어머니의 궁금증과 답답증을 뒤로하고 집을 나선 구보는 걸음이 향하는 대로, 마음이 내키는 대로 이 거리 저 골목을 쏘다닌다. 다니면서 그가 하는 일이란 지나치는 사람들을 관찰하는 것, 그리고 머릿속을 채우고 있는 생각거리를 곱씹는 것이다. 걷다가 지치면 가까운 다방이나 카페에 들어가 다리를 쉬면서 또 이런저런 생각을 저작한다. 가령 그는 아홉 살 때 읽은 『춘향전』이 "뒤에 온, 그리고 또 올, 온갖 것의 근원이었을지도 모른다"는 생각을 한다. 『춘향전』으로 대표되는 이야기 또는 문학과의 만남이 그의 삶을 결정지었다는 뜻이다. 그렇게 해서 결정된 작가로서의 그의 삶과, 경성역에서 마주친 졸부 동창생과 다방에서 어울린 생명보험회사 외교원 등이 대리하는 '황금광시대' 사이의 모순과 대립은 이 소설의 저변을 흐르는 주조음과도 같다.

구보는 시인이면서 생활의 방편으로 신문사 사회부 기자를 하는 벗(김기림?)을 전화로 불러내기도 하고, 다료(茶寮)를 운영하면서 경영난에 시달리는 벗(이상)과 만나 저녁으로 설렁탕을 먹고는 일단 헤어졌다가 다시 만나 술을 마신다. 그들이 찾은 술집은 "벗이 흥미를 가지고 있는 계집"이 근무하는 낙원정의 어느 카페. 그곳에서 그들은 여급들을 옆에 앉힌 채 맥주를 마시며 시답잖은 농담을 주고받는 한편(구보는 세상 모든 사람이 이런저런 정신병에 걸려 있으며 자신의 증세는 '다변증(多辯症)'이라고 여급들에게 말한다), 구보는 "창작의 준비는 비록 카페 안에서라도 하여야 한다"는 신조에 따라 공책에 만년필로 메모를 하기도 한다.

그렇게 두 사람은 새벽 두 시까지 술을 마시고는 비가 내리는 종로 네거리로 나온다. 헤어지면서 벗은 "그럼 내일 또 만납시다" 하고 언제나처럼 말하는 것이지만, 구보의 대꾸는 평시와는 달리 나온다. "내일, 내일부터, 나, 집에 있겠소, 창작하겠소." 사실 그는 목적 없는 배회와 고현학 사이를 오가며 하루를 소진하는 동안 새삼스럽게 각오한 바가 있었다. "이제 나는 생활을 가지리라. 생활을 가지리라. 내게는 한 개의 생활을, 어머니에게는 편안한 잠을."

다음날부터 구보가, 각오한 대로 집에서 창작에 전념하거나 생활을 챙겼을지 여부는 알 수가 없다. 아마도 그렇게 이상과 헤어져 돌아와 쓰기 시작한 것이 바로 이 작품 「소설가 구보씨의 일일」인지도 모르겠다. 어쨌든 일제 강점기의 한복판에 쓰여진 이 소설에서 이민족의 지배라는 특별한 상황에 대한 언급을 거의 찾을 수 없다는 사실은 조금 의아스럽다(도쿄 유학 시절의 일이 회상되고 이시카와 다쿠보쿠〔石川啄木, 1886~1912〕의 시가 인용되기는 하지만, 그것들이 어떤 식으로든 일본의 식민 지배라는 현실을 환기시키지는 않는다). 물론 무기력하고 수동적인 지식인의 초상, 그리고 그가 목격하는 바깥 사회의 이모저모를 통해 간접적으로 현실에 대해 발언하고 있다고 볼 수도 있겠지만, 아무래도 미약하다는 느낌을 지울 수가 없다. 그것은 모더니스트 박태원 특유의 문학관의 반영일 수도 있겠고, 1909년생인 박태원에게 일제의 지배라는 현실이 공기를 방불케 할 정도로 자연스러운 환경이었다는 반증일 수도 있으리라.

최인훈의 소설집 『소설가 구보씨의 일일』(1972)은 제1장 「느릅나

무가 있는 풍경」에서 제15장 「난세를 사는 마음 석가씨를 꿈에 보네」까지 모두 열다섯 편의 연작 단편으로 이루어졌다. 시기적으로 1969년 동짓달부터 1972년 5월까지에 걸쳐 있는 이 소설집은 "한 월남 피난민으로서, 서른다섯 살이며, 홀아비고, 십 년의 경력을 가진 소설가" 구보씨를 주인공으로 삼는다. 박태원의 구보가 박태원 자신이었던 것과 마찬가지로 최인훈의 구보 또한 최인훈 자신으로 짐작되며, 이 점은 주인석의 구보 역시 동일하다.

열다섯 편의 연작으로 이루어진 책인 만큼 여기에는 소설가 구보의 다채로운 일상이 등장한다. 소설 쓰는 이외에 따로 직업이 없기는 박태원의 구보나 다르지 않지만, 최인훈의 구보는 거리를 걷거나 친구와 만나 차 또는 술을 마시는 것 말고도 제법 다양한 활동에 종사한다. 대학 초청으로 문학 강연을 하는가 하면, 잡지의 소설 공모 심사를 맡기도 하고, 선배 시인의 출판기념회와 후배 시인의 결혼식에 참석하는 한편 또래의 문학평론가와 함께 문학전집 기획 회의를 하기도 하며, 샤갈과 이중섭의 전시회장을 찾기도 한다.

박태원의 소설에서 구보가 만나는 문우가 이상과 김기림(?) 두 사람뿐인 데 비해 최인훈의 소설들에는 많은 동료 문인들이 약간씩 바뀐 이름으로 등장한다. 이동기(이형기), 김관(김현), 이홍철(이호철), 남성우(남정현), 심광섭(김광섭: 한자 이름이 다르다), 김견해 또는 김공론(김윤식?), 이문장(이문구) 등등.

"현실을 늘 선례에 의해서 이해하는 상고주의자요, 관념론자인"

최인훈의 구보씨는 박태원의 구보 이상으로 사념과 토론을 즐긴다. "칼이 없는 시도 가짜고, 시가 없는 칼도 가짜다" "명월(明月)이나 오동나무에는 발정(發情)하는 시심(詩心)이 인사(人事)의 정사(正邪)에는 발정하지 말아야 한다는 것은 원리의 일관성에 모순된다" "인간을 개인주의적인 인간학의 집합으로 분해함으로써 근대 문학은 사회라는 '집단'을 굽어볼 수 있는 관측 지점을 잃어버린 것이다" "서양 양반 계급의 멸망의 가락에 얹혀서 읊어댄 평민 계급의 해춘(解春)의 가락. 그것이 한국 낭만파다"와 같은 명제들이 그 사념 및 토론 과정에서 제출된다.

그러나 문학 및 예술에 관한 고민보다 훨씬 더 구보를 사로잡고 있는 걱정거리는 따로 있으니, 남북 분단과 또 다른 전쟁 가능성에 대한 우려가 그것이다. 그 자신 전쟁통에 이북의 고향을 등지고 월남한 처지이기 때문인 듯 구보는 남북한 관계와 한반도 주변 열강들의 움직임에 유독 예민하게 반응한다. 그런 그에게 남북 적십자사 사이의 이산가족을 찾기 위한 회담이라든가, (나중에 실미도 특수부대원들로 밝혀지긴 했지만) 서울 도심 한복판에 출현한 무장공비의 소요 및 자폭 사건, 위수령에 따른 군대의 대학 내 주둔, 닉슨의 베이징 방문으로 상징되는 미국과 '중공'의 데탕트, 미국 기자들의 평양 방문 취재 소식 등은 날카로운 관심의 대상이 된다. 이 연작의 열세 번째 장은 '남북조시대 어느 예술노동자의 초상'이라는 제목을 지니고 있거니와, 최인훈의 구보씨에게 남북간 분단과 대립이라는 현실은 그의 실존적 정황을 저변에서 떠받치고 있는 토대로 인식된다.

구보씨와 함께 문학전집 기획을 위한 회의를 하면서 평론가이자 교수인 김공론(김견해)은 이렇게 말한다.

"월북 작가들 작품 말이야. (……) 이런 기회에 어떻게 안 될까?"
— 최인훈, 「소설가 구보씨의 일일」

1988년 '해금' 조처가 있기 전까지는 월북 작가들의 작품이 금기의 대상으로 묶여 있었던 사정을 가리킨 말일 텐데, 그가 염두에 두고 있는 작품에 아마도 박태원의 「소설가 구보씨의 일일」이 들어 있었을 테다. 결과적으로 김공론의 이런 바람은 다만 바람으로 그치고 말았을 것이다. 그럼에도 '소설가 구보씨의 일일'을 자신의 연작소설의 제목으로 삼았다는 데에서는 최인훈 나름의 문학사적 감각과 의지를 엿볼 수 있다. 박태원의 시절로부터 35년 남짓 지난 시점에 쓰여진 최인훈의 연작에서 '가배차'라는 예스러운 낱말을 만나는 일은 반가운 노릇이다. 박태원 소설에서 오후 두 시의 다방에 들어간 구보가 종업원 아이에게 시킨 이 커피를, 최인훈 소설 속 구보의 또래 친구인 시인 김중배가 주문하는 장면은 어쩐지 박태원과 최인훈 사이의 문학사적 연속성을 보여주는 것만 같다.

주인석의 구보 연작은 소설집 『검은 상처의 블루스 — 소설가 구보씨의 하루』(1995)에 들어 있다. 연작 첫편이 1991년 3월을 배경으로 삼고 있으며, 연작 제5편 「지옥의 복수가 내 마음을 불타게 한 다」가 1994년 12월을 다루고 있다(연작 제3편 「그때 시라노는 달나라로 떠나가고」는 기자 겸 시인인 도형기의 갑작스러운 죽음을 소재로 삼는데, 도형기 의 모델임에 틀림이 없을 기형도의 몰년이 1989년이라는 사실은 이 연작의 시간 대 계산에 적잖은 곤란을 초래한다).

박태원과 최인훈의 구보들과 마찬가지로 주인석의 구보 역시 소설 쓰기 이외의 다른 직업을 가지고 있지 않은 미혼 남성이다. "1991년에 이십대 후반인 소설가"이며 국가보안법 위반 혐의로 3년 동안 복역하고 나온, 주인석의 구보는 역시 주인석 자신의 분신이라 보아 무방하다.

연작의 첫 작품 「옛날이야기를 좋아하면 가난하게 산단다」에서 정오 무렵에야 일어난 구보가 아침 겸 점심을 먹고 집을 나설 때 어머니는 "어디 가니?" "일찍 들어오너라"는 질문과 당부의 말을 차례로 구보에게 던지지만 제대로 된 대답을 듣는 데에는 실패한 다. 박태원의 소설에서도 어머니는 집을 나서는 아들에게 "어디, 가니?"라는 질문과 "일쯔거니 들어오너라"는 당부를 연달아 했지 만 아들은 역시 침묵할 따름이었다. 마찬가지로 주인석 소설 속 구 보의 어머니가, 아들이 원고료로 사다준 스웨터를 입고 동네를 돌 아다니며 "글세 우리 아이가 사다주었지 뭐유. 소설 원고료 받았다 구 하면서" 자랑하는 모습은, 박태원 소설 속 구보의 어머니가, 아들이 준 돈으로 치마를 해 입고 마실 가서는 "이거 내 둘째아이가 해준 거죠"라며 자랑하는 장면에 대한 오마주라 하겠다.

최인훈의 구보에게 분단된 조국의 상황이 핵심적인 조건이었다면, 주인석의 구보에게는 80년대의 기억과 90년대 현실 사이의 괴리가 가장 심각한 화두로 다가온다. 주인석의 구보에게 "80년대는 1979년 10월 26일과 1980년 5월 27일 사이에 시작되어 1987년 6월 10일과 그해 12월 16일 사이에 끝난 연대를 가리킨다." 심복 김재규에 의한 박정희의 암살에서 시작해 전두환·노태우 등 신군부 일당의 12·12 쿠데타, 1980년 5월 광주학살 및 항쟁과 1987년 6월항쟁을 거쳐 투표를 통해 군인 출신 대통령을 뽑은 그해 12월의 대통령선거까지가 구보가 생각하는 80년대라는 것이다. 그 80년대 때문에 구보는 3년 동안 감방 생활을 해야 했다. 그러나 지금은 90년대. 단순히 10년의 세월이 더 흐른 것만이 아니라, 세상이 근본적으로 바뀌었다는 느낌을 구보는 받는다. 단적으로 말해, 같은 사건으로 구보와 나란히 3년형을 받고 나온 친구 H가 출판사를 차려서는 성공한 자본가들의 체험담을 모은 책으로 떼돈을 벌었다는 것 아니겠는가. 구보는 옛 소련의 대학생들이 1917년 혁명 이후 소련의 역사를 '사잇길의 역사'로 규정하는 신문 기사를 보고서도 반감을 느낀다. 그것이 단지 소련만의 일이 아니라, 구보가 포함된 80년대의 어떤 정신과 움직임을 겨냥한 표현이기도 하다는 판단에서다. "우리가 그 사잇길을 헤매던 시간들은 소중했던 것이 아닌가. 그것이 모두 다 헛된 것이었고 착각이었고 과오였다고 하는 것은 비도덕적이다."

모차르트의 오페라 〈마술피리〉 중 소프라노 아리아를 제목으로 삼은 연작 다섯 번째 작품 「지옥의 복수가 내 마음을 불타게 한다」에서 구보는 12·12 쿠데타의 15년 공소시효가 끝나는 1994년 12월 12일 밤 경복궁에 들어가 쿠데타의 주역들과 맞닥뜨리는 환상을 경험한다. 술에 취한 그가 경회루에서 파티를 여는 쿠데타 주역들을 향해 "난 너희들하고 동업 안 한다. 이놈들아. 죽으면 죽었지"라고 절규하지만, 저들은 이미 선거를 통해 집권하고 또다시 권력을 연장할 정도로 수많은 '동업자'들을 확보해 둔 것이고, 그에 저항하는 구보의 처지란 그만큼 옹색할 수밖에 없는 것. 연작소설집의 제목이 '검은 상처의 블루스'일 수밖에 없는 사정이 여기서 짐작된다. 그럼에도, 아니 그렇기 때문에, 80년대를 마음에 품고 몸으로는 90년대를 사는 주인석의 구보에게 소설은 복수의 형식으로서 역설적인 중요성을 지니게 된다. "소설은 현실에 대해 숨겨진 과거로 저항한다. 사람들이 숨긴, 잊은, 잊으려 하는 과거로. 소설가는 반성시키는 반성가다. 그러기 위해 소설가는 실패해야 한다. 가난해져야 한다. 실패하려고 해야 한다. 실패할, 한 운명이다. 그리고 그는 실패로 세상과 싸운다." 박태원과 최인훈의 구보들에 비해 주인석의 구보가 소설과 현실 사이의 긴장 관계 및 현실에 대한 소설의 효용에 대해 훨씬 예민한 의식을 지니고 있음을 알 수 있다.

박태원과 최인훈의 구보 소설들에서와 마찬가지로 주인석의 구보 연작에서도 시인 도형기(기형도)를 비롯해 문인들이 여럿 등장한다. 특히 연작의 네 번째 작품 「한국 문학의 현단계, 1992년 겨울」이 그러한데, 출판사 '문학적 지성'(문학과지성사)의 네 글씨로 불리는 금병매(김병익)·금치산(김치수)·금주령(김주연)·금연(김현), 시인 허숙영(허수경)과 소설가 심경숙(신경숙), 그리고 소설『네가 나를 모르는데 낸들 나를 알겠는가』(『내가 누구인지 말할 수 있는 자는 누구인가』)의 류인화(이인화), 『죽어버린 자의 기쁨』(『살아남은 자의 슬픔』)의 박이무(박일문), 『즐겁게 살아』(『즐거운 사라』)의 마성기(마광수) 등이 그들이다. 표절과 필화 사건으로 얼룩진 1990년대 초반의 한국 문단을 우울한 눈길로 바라보면서 구보는 문학에 대해 사뭇 비판적이며 회의적인 견해를 내놓는다. 소설집『검은 상처의 블루스』의 말미에는「마지막 소설가, 구보씨의 10년 후―서기 2005년, 소설가 구보씨의 하루」라는 글이 실려 있는데, 후기에 해당하는 이 글 속에서 작가는 "10년 후에 구보씨가 살아 있다손 치더라도 그는 과연 계속 소설을 쓰고 있을까?"라는 질문을 던진다. 그 말이 씨가 되었던 것인지, 『검은 상처의 블루스』이후 주인석은 소설을 떠나 극작과 연출 쪽으로 사실상 전공을 바꾸었다.

그러나, 앞서 잠깐 언급했다시피, 주인석이 버린 구보 연작은 2000년대에는 윤후명을 통해 부활할 조짐을 보이고 있다. 윤후명은 구보 연작 이전에도 작가 자신을 연상시키는 주인공이 나오는 자전적 및 에세이적 소설을 즐겨 써 왔거니와, 구보가 등장하는 그의 두 단편「서울 랩소디―소설가 구보씨의 하루」(2006)와「소설가 구보씨의 2009년 하루」(2009) 역시 작가 자신으로 짐작되는 소설가 주인공의 여행과 사유를 통해 구보 소설의 맥을 잇고자 한다. 그러나 최인훈이나 주인석에 비해 '원조' 구보와의 친연성은 조금 떨어지는 느낌이다.

오규원의 '시인 구보씨' 연작은 소설가 구보씨들과의 거리가 한결 멀어 보인다. 아무래도 소설로 쓴 소설가의 이야기가 아니라 시로 쓴 시인의 이야기이기 때문이리라. 그럼에도 "시인은시를더좋아하니까/ 시에미치지요밥만먹고못사니까/ 밥만먹고는못사는이야기에미쳤지요"(「詩人 久甫氏의 一日 1— 久甫氏가 당신에게 보내는 사신 또는 희망 만들며 살기」)라든가 "서 있어도 시/ 걸어다녀도 시/다방에 앉아 있어도 시"(「詩人 久甫氏의 一日 4— 다방에서」)와 같은 구절들에는 소설가 구보씨들을 연상시키는 면모가 없지 않다. 연작의 세 번째 작품 「詩人 久甫氏의 一日 3— 쇼핑 센터에서」는 이 무렵 오규원 시의 특징을 잘 보여주듯 실험적이고 도발적이어서 인용할 만하다.

> 나는 사주고 싶네 사랑하는 애인에게 라이너 마리아 릴케 같은 스판덱스 브래지어, 사주고 싶네 아폴리네르 같은 팬티스타킹, 아 소포로 한 짐 보내고 싶네 에밀리 디킨슨의 하얀 목덜미 같은 생리대 뉴후리덤
>
> (……)
>
> 나는 사랑하는 애인에게 사주고 싶네 하이네 같은 쌍방울표 메리야스, 워즈워드 같은 일곱색 간지러운 삼각팬티, 아 나는 등기소포로 보내고 싶네 바스코 포파의 「작은 상자」에 든 월계관표 콘돔
>
> ― 오규원, 「詩人 久甫氏의 一日 3-쇼핑 센터에서」 부분

박태원에서 주인석까지의 소설가 구보씨들은 물질적 현실에서

삼십 센티미터쯤 공중에 붕 떠 있는 듯한 면모를 보인다. 어머니를 비롯한 주변 사람들의 눈에 그들은 무능하고 무책임하기 짝이 없게 비친다. 그들이, 최인훈의 구보가 자탄하다시피, "삶에서 말을 배우는 게 아니라 말에서 삶을 배우"는 종류의 인간들이기 때문일 것이다. 그러나 그들은 자신들의 현실적 무능과 패배로써 거꾸로 현실의 추악한 본질을 까발린다. 주인석 소설의 한 대목처럼 "소설은 좌절한 의식의 소산"이지만, 그 좌절은 반성과 저항으로 이어지는 적극적 좌절이다. 하릴없이 거리를 배회하고 머릿속으로 온갖 쓸데없는 생각을 곱씹는 것처럼 보이는 우리의 구보씨들은 적어도 그런 정도의 사회적 기여를 하는 것이다. "옛날이야기를 좋아하면 가난하게 산단다"는 주인석 소설 속 구보 어머니의 말에도 불구하고 우리가 소설을 읽고 또 쓰는 것은 바로 '소설과 구보씨'들의 그런 역할 때문이 아니겠는가.

박태원, 「소설가 구보씨의 일일」, 『소설가 구보씨의 일일』, 깊은샘, 1994
최인훈, 『소설가 구보씨의 일일』, 문학과지성사, 2009
주인석, 『검은 상처의 블루스―소설가 구보씨의 하루』, 문학과지성사, 1995
오규원, 「詩人 久甫氏의 一日 1~14」, 『가끔은 주목 받는 生이고 싶다』, 문학과지성사, 1987

13

고전, 소설의 오래된 미래

─── 고종석(1959~)의 첫 소설집 『제망매』(1997)에는 흥미로운 제목을 지닌 세 편의 단편이 들어 있다. 표제작과 「찬 기 파랑」, 그리고 「서유기」가 그것들이다. 두루 알다피시 「제망매」와 「찬 기파랑」은 신라 향가들이고 『서유기』는 손오공과 삼장법사가 등장하는 중국 고전소설이다. 고종석의 소설집에서 「際亡妹」와 「西遊記」는 한자로 표기되었고 「讚 기 파랑」의 '찬' 역시 한자를 사용했다. 한자의 이런 적극적인 사용은 같은 제목을 지닌 고전 작품들을 작가가 뚜렷하게 의식하고 있다는 사실을 말해준다.

고종석의 '고전 삼부작' 이 옛 노래와 소설들을 단순히 현대적 버전으로 다시 쓴 것은 아니다. 표제작인 「제망매」는 월명사가 지은 향가와 마찬가지로 죽은 누이동생을 추모하는 내용이지만, 나머지 두 작품은 같은 제목의 원작과는 거의 아무런 관련이 없는 이야기를 담고 있다. 뒤에서 상술하겠지만, 「찬 기 파랑」의 경우에 의표를 찌르는 설정이 돋보이며 「서유기」 역시 제목과 내용 사이의 심각한 불일치로 독자의 의식에 상당한 충격을 선사한다. 유일하게 옛 노래의 틀을 좇은 「제망매」에서도 '죽은 누이에 대한 사랑' 이라는 작품의 주제에는 어느 정도의 현대적 변용이 가해진다.

삶과 죽음의 길은

예 있으매 머뭇거리고

나는 간다는 말도

못 다 이르고 어찌 가나닛고

어느 가을 이른 바람에

이에 저에 떨어질 잎처럼

한 가지에 나고

가는 곳 모르온저

아아, 미타찰(彌陀刹)에서 만날 나

도(道) 닦아 기다리겠노라

　일연의 『삼국유사』 권 제5 '감통(感通)' 중 「월명사의 도솔가」 편에 나오는 「제망매가」의 전문이다. "월명이 또 일찍이 죽은 누이를 위해서 재를 올리고 향가를 지어 제사했는데, 갑자기 모진 바람이 불어 지전(紙錢)을 서쪽으로 날려 없어지게 했다"는 설명과 함께 실린 작품이다. 고종석의 「제망매」 역시 화자인 '나'의 이종사촌 누이인 '김혜원'의 죽음을 소재로 삼는다. 장기 체류 예정으로 프랑스 파리에 와 있는 '나'가 업무상 파리에 들른 매제한테서 혜원이 보름쯤 전에 세상을 떴다는 소식을 듣는 장면으로 소설은 시작된다. 그 자신 의사였던 혜원은 골수암으로 스러지고 말았거니와, 세는 나이로 겨우 서른셋 창창한 나이였다.

> 그래, 혜원이는 이 세상에 없다. 그래…… 그런데…… 그 아이는 이 세상에 있었던 것일까? 그 아이는 분명히 나를 스쳐 지나간 것일까? 나는 분명히 그 아이를 스쳐 지나온 것일까? 혹시 그것은 모두 꿈이 아니었을까?
>
> ─ 고종석, 「제망매」

혜원의 소식을 듣고 '나'의 머릿속을 오간 혼란스러운 사념은 월명사의 옛 노래에서 만져지는 당혹감과 애통함에 대응한다. 고종석의 소설 「제망매」는 화자가 그런 아득한 혼란 속에서 김혜원이라는 인물이 엄연히 실재했으며 앞으로도, 적어도 자신의 기억 속에서는, 끝끝내 살아 있으리라는 사실을 스스로에게 다짐하는 의례와도 같다.

소설은 '나'가 혜원과의 지난 일들을 회고하는 부분과 혜원의 소식을 듣고서 '나'가 매제 및 옛 신문사 동료인 '정경희'와 함께 파리의 이곳저곳을 배회하는 반나절의 이야기가 교차되어 진행된다. 혜원이에 대한 '나'의 첫 기억은 그가 열일곱 살이고 혜원이 열네 살이었던 1975년 봄으로 거슬러 올라간다. 다니던 서울의 고등학교 2학년 과정에서 퇴학당한 '나'가 전주의 혜원 집에 가 석 달 동안 머물렀던 것. 박정희가 학도호국단과 민방위 제도를 부활시켜서 "어린 학생부터 50대의 장년에 이르기까지 자신이 다스리던 신민 전체의 군대식 편제화를 완수했"던 그해의 봄에서 여름에 이르는 석 달이 '나'에게는 오히려 달콤한 해방의 날들로 기억된다. 콘아이스크림의 맛으로 표현되는 그 달콤함에는 혜원과 함께 산책하고 자전거를 타며 이야기를 나누던 일들, 그리고 무엇보다도 어린 혜원과의 입맞춤이 남긴 자릿함이 가미되어 있다.

그렇다. 이종사촌 사이인데다 피차 아직 십대 중반과 후반 나이인 두 사람은 비록 가벼운 터치라고는 해도 입술을 맞댄 일이 있다. 그리고 그 점이 월명사의 옛 노래에 대한 고종석 소설 「제망매」의 현대적 변용의 가장 큰 부분이라 할 수 있다. 이종사촌 사이인 십대 중후반 소년·소녀의 입맞춤을 '근친상간'이라는 말이 거느린 어두운 열정의 뉘앙스 속에 가둘 일만은 아니다. 그 입맞춤에 생물학적인 욕망이 얹히지 않았다고는 할 수 없을지라도, 근친간의 교접을 금지하는 관습과 제도가 두 어린 영혼들의 욕망에 필요한 제약을 가했을 것이기 때문이다. 초여름 밤 옥상에서 얘기를 나누던 끝에 처음에는 이마에, 다음에는 입술에 갖다댄 '나'의 입술을 두고 혜원은 "오빠 입술이 아이스콘 같았어"라 품평(?)하고, '나'는 그런 혜원의 뒷머리를 주먹으로 가볍게 쥐어박지 않았겠는가. 그 주먹질은 자신들의 입맞춤에 혹시라도 따라붙을지 모르는 어두운 그림자를 떨쳐버리려는 상징적 행위라 할 수 있다.

혜원과의 두 번째 기억은 1980년 봄으로 이어진다. 이번에는 서울의 의과대학에 입학한 혜원이 '나'의 집에서 지냈던 2년 동안이다. 야학 활동에 열심이던 혜원과, 그런 종류의 '개인적 시혜'가 사회 전체의 구조적 변화와는 무관한 것이라 생각하는 '나' 사이에 자그마한 논쟁이 벌어지고, 그런 대화의 끝에 혜원을 사랑스럽게 여긴 '나'가 다시 혜원의 이마에 입을 맞추게 된다. 이번에는 이마에서 입술로 옮겨 가지는 않았는데, "우리 둘 다가 너무 어른이 됐다는 걸 (……) 상기하고 있었"기 때문이었다.

이제 혜원과의 마지막 기억 차례다. 서울을 떠나기 보름쯤 전, 혜원이 골수 이식 수술을 받기 전날이었다. 너무도 이른 나이에 찾아온 사신(死神)의 어이없는 방문에도 평소의 의연함과 따뜻함을 잃지 않으며 오히려 "주위 사람들을 편하게 해주려고 애썼고, 그럼으로써 주위 사람들을 불편하게 만들었"던 혜원과의 마지막 만남이었다. 그런 혜원에게 '나'는 프랑스로 떠날 예정임을 밝히고, 혜원이 담배를 피우겠다고 해서 나간 복도 끝 비상계단 층계참에서 혜원은 말한다. "뽀뽀 한번 해줘요." 링거병을 손에 든 '나'가 혜원의 이마에 입을 맞추자 혜원은 "아니, 입술에"라고 수정 주문하고, 두 사람은 다시 입술을 포갠다. 당연하다는 듯 "오빠 입술이 아이스콘 같았어"라는 품평이 뒤따르지만, "나는 이번에는 그 아이의 뒷머리를 쥐어박지 않았다"(참고로, 혜원과 '나'는 둘 다 결혼한 상태였다).

'나'가 혜원과의 이런 달콤하고도 고통스러운 추억을 곱씹는 동안 파리의 세 사람은 카페에서 맥주를 마시고 센 강 주변을 산책하며 앰네스티 인터내셔널 주최의 심포지엄을 참관하거나 페르-라셰즈 묘지를 거닌다. 묘지 장면을 끝으로 소설은 마무리되거니와, 화자의 행로가 궁극적으로 묘지를 향하는 것은 소설의 전개상 당연해 보인다. 이 소설은 무엇보다 죽음에 관한 소설이 아니겠는가 (이에 앞서 화자의 옛 신문사 동료 정경희는 서울에서 있었던 김남주 시인의 사십구재에 참석했던 이야기를 '나'에게 들려준다). 묘지에서 1871년 파리 코뮌의 지도자였던 발레리 브로비에프스키의 묘비명을 만난 화자는 이런 새로운 묘비명을 짜낸다.

> 김혜원(전주 1962~서울 1994): 이름이 별로 알려지지 않았던 의사. 자신이 투사인 줄 몰랐던 박애의 투사. 우리 별에 머물렀던 서른두 해 동안 소리 소문 없이 사랑을 실천하다. (……)
>
> ─ 고종석, 「제망매」

「서유기」의 화자 '나(한민수)'는 「제망매」의 화자와 비슷하게 한국의 기자 출신으로 프랑스 파리에 머물고 있는 인물이다. 두 사람이 완벽한 동일인은 아니고 그들이 등장하는 이 두 소설을 완벽한 자전 소설이라 할 수는 없겠지만, 두 소설의 화자 '나'에는 작가인 고종석의 면모가 어느 정도 투영되어 있다. 고종석 자신 한국에서 기자로 일하다가 가족과 함께 파리로 건너가 몇 해 동안 지냈던 경험이 있다. 「제망매」의 화자가 파리에 갓 도착한 신출내기인 데 비해 「서유기」의 화자는 파리에서 산 지 네 해가 되는 '베테랑'이다. 그는 자신의 처지를 두고 '자발적 망명'이라는 말을 쓰는데, 소설집 『제망매』의 앞날개에 실린 짧은 소개글이 작가 고종석을 '자발적 망명자'로 표현하고 있다는 사실은 이 소설 화자와 고종석 사이의 상동성을 말해 준다 하겠다.

　이 소설의 전반부에서 화자는 파리에서 만난 아랍계 프랑스 여자 하스나와 동거 중이다. 전날 마신 술 때문에 늦잠을 자고 있던 그에게 이혼한 전처가 전화를 해 온다. 지금 파리에 와 있으며, 북역에서 다른 도시로 가는 기차를 기다리는 동안 얼굴이나 볼까 한다면서. 그렇게 해서 4년 만에 만난 두 사람이 서로의 근황을 주고받은 뒤 다시 헤어지는 것이 전반부의 얼개를 이룬다.

　그렇다고 해서 화자 '나'를 이 소설의 주인공으로 보기는 어려울 것이다. 그러니까 서쪽에서 놀(거나 유람하)고 있는 인물이 '나'인 것은 아니라는 말이다. 이 소설의 진짜 주인공은 그렇게 전처와 헤어진 '나'가 북역에서 우연히 마주치게 된 '정태하 씨'라 할 수 있다(소설의 후반부에만 등장하는 인물이 주인공 자리를 차지한다는 사실은 이 소설의 구조가 보이는 독특한 측면이다). "한 무역 회사의 파리 주재원으로 일하던 지난 79년 한국에서 터진 어떤 좌익 조직 사건에 연루된 뒤 귀국을 포기하고 파리에서 망명 생활을 하고 있었"던 정태하 씨란 다름 아니라 '파리의 택시 운전사' 홍세화를 가리키는 것으로 이해된다(소설에는 "그가 자신의 대학 시절과 망명 생활을 에세이 형식으로 기록해 서울의 한 출판사에서 낸 책이 베스트셀러가" 되었다는 설명도 나온다). 소설 제목이 가리키는바 서쪽에서 유람하고 있는 주인공이 바로 정태하/홍세화다. 요컨대 '서유기'라는 제목은 반어적 뉘앙스를 지니고 있는 것이다.

　"서울 한복판 가회동에서 태어나 초등학교에서 대학교까지를 종로구에서 다녔"던 정태하 씨는 소설 속 현재 시점으로부터 17년 전인 1979년 이후 고국과 고향에 돌아가지 못하고 있는 형편이다. 그와 화자는 그 17년 사이에 서울이 겪은 변화 ─ 주로 경제적 발전과 풍요로운 외관 ─ 를 놓고 제법 심각한 논쟁을 벌인다. '나'가 박정희 시대가 이룬 경제적 성과를 있는 그대로 인정하자는 쪽인 데 반해 정태하 씨는 그에 동의하지 않는다. "박정희가 그 쿠데타 방식으로 내세운, 하면 된다는 그 성장 제일주의가 지금에 와서는 백화점과 다리를 무너뜨린 것"이라는 게 그의 판단이다. 그렇다고 해서 '나'가 박정희주의자인 것도 아니다. "박정희와 맞서 싸우다 30대 초에 국제 미아가 되어버린 뒤 50줄에 이르도록 고향에 돌아가지 못하고 있는 사람 앞에서 박정희 시대라는 걸 긍정적 맥락에서 거론하는 것은 일견 잔인한 짓일 것"이라고 생각할 정도의 상식을 그는 갖추고 있다.

"한형의 서울은 아름다운 서울이군." 박정희식 개발의 세례를 받은 서울에 대해 긍정적인 평가를 하는 한민수에게 정태하 씨는 이렇게 힐난하듯 말하는 것인데, 사실 서울을 더 그리워하는 것은 정태하 씨 쪽이지 한민수 쪽이 아니다. 평소와 달리 술도 적잖이 마신 그는 취기의 힘을 빌려 마침내 이렇게 고백하지 않겠는가. "서울이 그리워." 그렇지만 그렇게 고백하는 정태하 씨인즉 어떤 처지였던가. "그가 여권 대신 지니고 있는 여행증명서 행선지 난에는 '한국을 제외한 모든 나라'라는 문구가 선명히 박혀 있는 것이다." 그것이 망명자의 운명이다. 제가 태어나 자란 고향과 고국에 갈 수 없는 운명.

　그 운명을 타개하고자 정태하 씨가 생각해 낸 방도가 귀화다. 귀화를 해서 프랑스 시민권자가 되면, 비록 외국인의 신분으로일망정, 고국을 방문할 수 있게 될 것이기 때문이다. 소설 말미에서 두 사람의 대화는 정태하 씨의 귀화의 가능성과 타당성을 둘러싸고 이어진다. 그러나, 한민수가 보기에, "그는 근본적으로 프랑스 사람이 될 수 없는 한국인이었다. 그는 이식해서는 잘 재배가 안 되는 재래종 식물이었던 것이다." 소설이 끝나도록 정태하 씨의 귀화 문제에 대한 딱 부러지는 결론이 나오지는 않는다. 한민수의 판단 대로 정태하 씨는 자신이 먼저 꺼냈던 귀화 이야기를 쓸쓸하게 거둬들인다. 적어도 소설 속에서는 그의 '서유'가 끝날 조짐은 보이지 않는다.

　이제 세 작품 중에서 가장 놀라운 「찬 기 파랑」에 대해 살펴볼 차례다. 충담사가 지은 향가 「찬기파랑가」는 기파랑(耆婆郎)이라는 이름을 지닌 화랑 우두머리의 고결한 인격과 기상을 노래한 작품이다. 고종석의 소설 역시 '기 파랑'이라는 인물을 찬양하는 내용이지만, 이 기 파랑이 그 기파랑인 것은 아니다. 그렇다면 '기파랑'이라는 이름을 지닌 또 다른 화랑? 이런 추측 역시 여지없이 배반한다는 데에 고종석 소설의 묘미가 있다. 여기서 찬양의 대상이 되는 기 파랑은 뜻밖에도 프랑스 국적의 언어학자다. 소설에서는 '기 파랑' 식으로 '기'와 '파랑' 사이가 떨어져 있다. 그러니까 여기서의 '기'는 '기 드 모파상'이나 '기 라로슈' 같은 프랑스 사람들의 퍼스트네임으로서의 '기'이며 '파랑'은 그의 패밀리네임, 즉 성(姓)인 것이다(기 파랑을 알파벳으로 표기한다면 'Guy Parent'이 될 것이다).

"기 파랑이 죽었다"는 문장으로 시작되는 소설은 길게 쓰여진 부음기사(오비추어리)라 할 법하다. 1901년생인 기 파랑이 1997년 새해 벽두에 숨을 거두었다는 〈르 몽드〉의 기사를 접한 서술자가 자신의 관점에서 기 파랑의 생애를 재구성해 들려주는 형식을 소설은 취한다. "기 파랑의 죽음은 예외적으로 품이 널렀던 어떤 육체와 정신의 소멸을 뜻할 뿐만 아니라 그 정신과 육체를 품었던 한 세기의 종말을 뜻하기도 하다"는 것이 서술자의 판단이다.

〈르 몽드〉에 기사가 실렸다고는 하지만 기 파랑은 실존 인물이 아니라 순전히 작가가 창안해 낸 인물이다(「찬 기 파랑」이 허구의 장르인 소설이라는 사실을 다시금 상기하도록 하자. 신라 화랑의 이름에서 프랑스 사람의 이름을 연상해 낸 작가의 상상력이 기발하지 않은가). 그는 역사비교언어학을 전공한 언어학자로서 로만어와 중세 프랑스어, 동아시아어 등에 관한 연구서를 남긴 사람이다. 그러나 한국어 사용자로 짐작되는 이 소설의 화자로 하여금 프랑스 학자 기 파랑에 관해 이렇듯 정성 들인 오비추어리를 작성하도록 만든 까닭은 따로 있었다.

언어학자 기 파랑은 한국어에 관한 아주 중요한 책을 남겼고, 문필가 기 파랑은 그의 한국 체류기를 일부로 포함하는 에세이를 남겼다. (……) 그는 개항 이래 조선을 가장 잘 이해하고 가장 사랑한 서양인 가운데 한 사람이었다.

— 고종석, 「찬 기 파랑」

그런 인물이 있었단 말인가, 라고 의아해하거나 궁금해하지는 말기 바란다. 다시 강조하거니와, 기 파랑은 허구의 인물이니까. 「찬 기 파랑」의 놀라운 점은 이 가상 인물의 이력과 업적, 그리고 한국(조선)과의 관련성을 썩 그럴듯하게 꾸몄다는 데에 있다. 그 과정에서, 그 자신 대학원에서 언어학을 전공한 작가의 내공이 보란 듯이 발휘되었음은 물론이다(비록 제목에는 한자를 사용했지만 이 소설에서 작가가 한자와 알파벳은 물론 아라비아숫자도 배제한 채 한글 표기로만 오로지하고 있는 것 역시 그의 언어학적 내공과 무관하지 않아 보인다).

작가가 작성한 허구의 이력에 따르면 기 파랑은 1928년부터 1933년까지 4년 반 남짓 현지 언어 연구를 위해 중국과 한국과 일본에 머물렀다. 특히 1928년 8월 기 파랑이 아내와 함께 처음 서울에 도착했을 때 그의 아내는 만삭의 몸이었기 때문에 부부는 아이의 출산에서 산모의 산후조리에 이르는 두 달 반 가량을 서울에 머물러야 했다. 그는 이듬해인 1929년은 온전히 조선에 머물며 조선어를 연구하게 되는데, 1928~1929년에 걸친 조선 체험은 그의 동아시아 체류기 『봄 샐러드』에 기록으로 남아 있다. 이 책에서 기 파랑은 조선어와 일본어의 놀랄 만한 상동성을 지적하고, 일본의 식민 치하에 있는 조선 작가들이 얼마나 오랫동안 조선어 글쓰기를 지킬 수 있을지에 대해 걱정스러운 추측을 내놓으며, 서울 거리에서 마주치는 일본인들의 어둡고 비장한 표정과 조선인들의 밝고 낙천적인 표정을 대비해서 묘사하기도 한다. 특히 『임꺽정』의 작가 벽초 홍명희의 아들이자 걸출한 언어학자인 홍기문과의 만남을 그린 대목이 인상적인데, 홍기문이 1927년 잡지 〈현대 평론〉에 연재한 논문 「조선문전요령」을 매뉴얼로 삼아 기 파랑이 조선어를 공부하기 시작했다든가, 1933년 조선어학회가 조선어 철자법 통일안을 발표하는 데에 그의 조선 체류가 일정한 흔적을 남겼으며, 그가 자신의 조선어 연구 성과를 담아 1950년에 펴낸 책 『한국어의 기원』이 서양 사람에 의해 쓰여진 가장 수준 높은 한국어 관련 저술의 하나라는 등의 서술에 언어학과 국어학에 관한 작가의 지식은 밀도 높게 스며들어 있다.

기 파랑은 1930년 2월부터 1932년 말까지 중국에 머물면서 중화 소비에트 공화국 임시정부 편에서 일을 했으며, 1936년 스페인 내전에는 국제여단의 일원으로 참전해 전투를 벌이다가 부상을 당하기도 했다. 그럼에도 이 소설의 서술자는 그가 마르크스주의자나 혁명가는 아니었노라고 밝힌다. 그렇기는커녕 그는 20세기를 풍미한 두 사상, 즉 마르크스주의 및 프로이트주의와 거의 무관한 학문적 경향을 보였다. 그는 "한 사람의 이데올로그로서는 절충주의자, 아마추어, 딜레탕트라고도 할 수 있을지 모른다." 절충주의니 아마추어니 딜레탕트니 하는 말들은 흔히 부정적인 함의를 지닌 채 사용되지만, 이 글의 서술자에게는 사정이 반드시 그렇지만은 않다. 그가 보기에 기 파랑의 학문적 태도와 세계관은 '중용과 균형의 철학'으로 표현될 수 있는 것이었다. "그것을 절충주의라고 부르든 아마추어리즘이라고 부르든 딜레탕티슴이라고 부르든, 바로 그런 균형과 중용의 세계관이야말로 기 파랑의 삶을 일관했던 미덕이었고, 우리가 상속받아 다음 세기로 이월시킬 값어치가 있는 철학이기도 하다." 여기서 들리는 것을, 온갖 종류의 도그마에 비판적이고 회의적인 자유주의자 고종석 자신의 목소리라 이해해도 크게 어긋난 짐작은 아닐 테다.

20세기의 후반부, 그러니까 기 파랑의 생애의 후반부에 그는 한국과 관련해 두 가지 중요한 체험을 추가로 하게 된다. 1928년 부모의 첫 조선 방문 때 서울에서 태어났던 그의 외아들 장-프랑수아가 군의관으로 한국전쟁에 참전했다가 전사했으며, 기 파랑 자신이 4월 혁명 이후의 한국에 한 달 가까이 체류한 것이다. 기 파랑은 이후 소르본 대학에서 가르치며 베트남에 대한 프랑스의 정책을 비난하고 알제리 독립과 쿠바 혁명을 옹호하는 지식인의 대열에 합류하는가 하면 1968년 학생시위를 공개적으로 지지하는 등 적극적인 참여적 지식인의 면모를 보인다. 1970년 은퇴한 뒤에도 한국의 김지하와 김대중을 비롯한 전 세계 정치범들의 석방 탄원서에 서명하고 베트남의 보트 피플과 팔레스타인 사태, 그리고 유고 내전과 인종주의에 관련된 집회와 시위에 직간접적으로 참여하는 등 지식인으로서 그의 참여와 실천은 시들 줄을 몰랐다. 마침내 1996년 11월 9일 국제여단의 스페인 내전 참전 60주년 기념행사에서 스페인 총리가 한 감사 연설에 대해 국제여단 생존자들을 대표

해서 답사를 한 것이 그가 마지막으로 공개 석상에 모습을 나타낸 일이었다.

「제망매」와 「서유기」, 그리고 「찬 기 파랑」 등 고종석의 '고전 삼부작'은 고전을 재해석하는 참신한 접근법을 보여준다. 특히 「찬 기 파랑」은 파천황의 상상력으로 패러디의 새로운 차원을 열어젖힌 문제작이라 할 수 있다. 이 소설들은 또한 창조의 가능성이 고갈되고 온갖 지식과 정보가 해일처럼 범람하는 시대에 소설 작법의 새로운 방향을 제시해 주기도 한다. 기왕의 텍스트를 나름의 방식으로 재가공하는 것만으로도 소설 쓰기는 가능하다는 것이 그 방향이다. 박형서와 최제훈 등 2000년대에 등장한 후배 작가들의 단편들은 어떤 의미에서 고종석이 가리켜 보인 방향에서 돌파구를 찾은 결과물이라 할 수 있다.

고종석, 『제망매』, 문학동네, 1997

14

교실의 독재자는
어떻게 쫓겨났는가

────── 황석영(1943~)의 단편 「아우를 위하여」와 이문열(1948~)의 이상문학상 수상작 「우리들의 일그러진 영웅」은 놀랄 만큼 유사한 서사 구조를 지니고 있다. 그 유사성이 어느 정도인가 하면 1987년에 발표된 이문열의 소설이 1972년 작인 황석영의 작품을 표절하지 않았다면 의식적으로 '다시 쓰기'를 하고 있다고밖에 볼 수 없을 정도다. 연배도 낮고 등단은 더욱 늦은 후배 작가 이문열이 습작기에 황석영의 단편을 접하지 않았으리라는 것은 개연성이 떨어지는 추측이다. 그런데도, 큰 상을 받고 영화로도 만들어졌으며 이문열의 대표작 중 하나로 꼽히는 「우리들의 일그러진 영웅」을 논하는 평자들이 「아우를 위하여」와의 관계에 대해 그저 입을 다물고만 있는 것은 그 역시 놀라운 노릇이다. (이와 관련해, 2010년 가을에는 두 소설이 모두 일본 작가의 단편을 모방했을 가능성이 있다는 주장도 나와 눈길을 끈다. 황석영 소설 『강남몽』의 표절 논란을 제기했던 월간 시사지 〈신동아〉가 2010년 12월호에서 「아우를 위하여」와 「우리들의 일그러진 영웅」이 일본 작가 가시와바라 효조(柏原兵三)의 단편 「먼 길」(長い道, 1969)을 표절한 것으로 보인다고 주장한 것이다. 이 잡지가 자문을 요청한 익명의 평론가가 요약한 「먼

길」의 스토리는 이러하다: "전쟁이 소강 국면에 접어든 시절의 시골학교. 전학을 온 '나'. 반장 '다케시'의 보스적 위치. 학급 일에 대해 잘 파악하지 못하고 있으며 무관심한 담임교사. 반장 다케시의 권력과 횡포에 노출된 반 아이들." 이런 줄거리 요약을 근거로 이 평론가는 황석영과 이문열이 둘 다 이 소설을 표절했을 가능성을 제기했다: "사실이 이렇다 보니 참 난감하다. 애초에 이문열의 「우리들의 일그러진 영웅」이 황석영의 「아우를 위하여」를 표절했다는 논란이 상당 기간 동안 지속되었음에도 황석영과 이문열 모두가 아무런 대응이 없음이 의아하였는데 혹시 그 이유가 이 일본 소설가의 작품 때문인 것으로 보인다. 「아우를 위하여」가 일본 작가의 「먼 길」을 표절했다는 혐의를 벗기는 어려울 것 같다.")

두 작품이 어떻게 유사한지를 우선 살펴보자. 두 작품은 모두 초등학교(국민학교) 고학년 교실을 무대로 삼아 이야기를 펼쳐 나간다. 「아우를 위하여」의 주인공들이 6학년으로 짐작되는 데 비해 「우리들의 일그러진 영웅」은 5학년에서 6학년으로 올라가는 아이들을 등장시킨다. 두 작품 모두 1인칭 화자 '나'의 시점으로 이야기가 진행되는데, 그 둘이 갓 전학 온 처지라는 점도 동일하다. 「아우를 위하여」의 '나' 김수남은 "피난지 부산의 학교에서, 수복되고도 수년이 지난 서울로 전학을" 왔으며, 「우리들의 일그러진 영웅」의 '나' 한병태는 반대로 "서울의 명문 초등학교를 떠나 한 작은 읍의 별로 볼 것 없는 초등학교로 전학을" 왔다. 그렇게 전학을 간 학교와 학급을, 동급생들보다 두세 살은 많으며 힘도 센 민징이 휘어잡고 있다는 정황도 약속이나 한 듯 똑같다. 수남의 반에는 "눈이 가늘게 찢어지고 어깨가 바라진 (……) 벌써 다리에 털이 돋은 열다섯 살배기" 이영래가, 역시 새로 전학을 와서는 기존의 급장을 몰아내고 급장 자리를 꿰찬다. 병태가 전학을 해 간 반은 "다른 아이들보다 머리통 하나는 더 있어 뵐 만큼 큰 앉은키와 쏘는 듯한 눈빛"의 소유자인 엄석대가 이미 반장으로서 카리스마를 휘두르고 있다(두 반장 주위에는 그들과 비슷하게 키가 크고 힘도 센 아이 두셋이 포진되어 있기도 하다). 그런가 하면 그들의 담임 선생님들이 이런 반장들에게 학급 운영을 거의 떠맡기다시피 하고 있다는 점도 빼놓을 수 없는 공통점이다. "무슨 가게인지를 부업으로 벌여놓고 있었는지라 (……) 툭하면 자습시간을 주고선 하루 온종일 밖으로 나돌아다녔"던 수남네 담임은 영래가 급장이 된 뒤 "학급에 기강이 서고 자치 능력이 향상된 데 대하여 만족했고," 병태네 담임은 "청소 검사·숙제 검사, 심지어는 처벌권까지 석대에게 위임하는 (……) 그 눈먼 신임이 그의 폭력에 합법성을 부여해 그를 그토록 강력하게 우리 위에 군림하게 했다."

동급생들을 압도하는 물리력에 급장이라는 합법적 권위, 그리고 담임의 신임이라는 후광까지 거느린 두 인물은 자신들의 지위와 권력을 악용해 동급생들을 억압하고 착취한다. 영래는 부잣집 아이들을 위협해서 금품이나 비싼 물건을 가져오도록 하는가 하면, 이런저런 명목으로 돈을 모금해서는 그중 일부를 개인적 용도로 착복하기도 한다. 엄석대 역시 아이들의 도시락 반찬을 뺏어 먹거나 제가 마실 물을 아이들더러 떠 오도록 시키는가 하면 탐나는 물건을 '빌린다'는 명목으로 빼앗거나 "환경 정리를 한다고 비품 구입비를 거두어 일부를 빼돌"리기도 한다. 반 아이들을 강제로 동원하고 독려함으로써 반 대항 축구와 운동 경기에서 좋은 성적을 거두는 점에서도 두 반장은 놀랍도록 닮은꼴이다.

이런 부당한 상황 속에 놓인 두 소설의 화자 '나'가 그에 대해 문제의식을 지니고 상황을 타개하고자 애쓴다는 점에서도 두 소설은 닮았다(두 소설 모두에서 '나'는 성적이 뛰어난데다 불의와 모순 앞에 저항적 태도로써 맞서는 정의감 넘치는 캐릭터로 그려진다). 그 결과 학급의 폭군이었던 반장들이 자리에서 물러난다는 결말까지 공통점은 이어지는데, 그런 결말에 이르는 세부 과정에서 두 작품 사이에는 비로소 의미 있는 차이가 나타난다. 그러나 폭군의 퇴진이라는 결실을 맺는 데에 기존의 담임이 아닌 새로운 선생님의 출현이 핵심적인 계기가 된다는 사실만큼은 역시 두 소설에 공통적이다.

어떤가. 이 정도의 소개만으로도 두 소설이 거의 동일한 작품이라 할 만큼 닮았다는 사실이 분명하지 않은가. 그렇다면 이제는 두 소설의 차이가 어디에서 나타나는지, 폭군의 몰락 과정을 비교 검토해 가며 살펴보자.

「아우를 위하여」에서 화자인 수남은 영래의 횡포에 불만을 품고 있던 중 예쁘고 친절한 교생 선생님의 격려와 자극에 힘입어 '행동'에 나서기로 한다. "눈빛처럼 흰 여학생 칼라 뒤로 얌전히 빗어 묶은 머리를 길게 땋아 늘였고, 목소리가 노래하는 듯 나직한" 교생 선생님은 부임 첫날부터 수남의 마음을 사로잡는다. "매일같이 아무 생각 없이 들었던 영래의 '차렷' 구령 소리가 그날따라 나를 수치에 떨게 만들 줄은 몰랐다"는 구절은 여자 교생 선생님을 향한 소년의 마음을 짐작하게 한다. 게다가 부임 이후 학급을 담당하면서 영래의 횡포를 알게 된 교생 선생님은 어느 날 영래와 관련해서 수남에게 이렇게 말하지 않겠는가.

"혼자서만 좋은 사람이 될 수는 없다고 생각합니다. 또 한 사람이 잘못 생각하고 있었다면 여럿이서 고쳐줘야 해요. 그냥 모른 체한다면 모두 다 함께 나쁜 사람들입니다. 더구나 공부를 잘한다거나 집안 형편이 좋은 학생은 그렇지 못한 다른 친구들께 부끄러워할 줄 알아야 합니다."

— 황석영, 「아우를 위하여」

영래의 전횡을 보고만 있지 말라는 은근한 부추김은 수남으로 하여금 결행의 순간을 엿보게 만든다. 영래 패거리가 새로 온 교생 선생님에 대한 '성의 표시' 명목으로 아이들에게 돈을 거둬서는 외제 스타킹을 선물했다가 꾸지람을 들은 뒤, 수업 시간에 교생에 관한 욕설과 추잡한 그림이 곁들여진 쪽지를 돌린 사건을 계기로 수남은 분연히 떨쳐 일어선다. "나는 드디어 더 이상 두려워해서는 안 된다고 결심했다." 두려움을 누르고 영래 패거리에 정면으로 맞선 수남에게는 다행스럽게도 원군이 따라붙는다. 반 아이들이 수남을 편들며 영래와 그 패거리의 지난 잘못을 하나씩 들춰가며 따져 묻자 "영래는 자기가 반 아이들에게서 완전히 고립되어 있다는 걸 알았는지 얼굴이 샛노랗게 질려 있었"으며, 쪽지를 돌린 그의 수하 종하는 마침내 수남의 요구를 받아들여 "미안하다"는 사과의 말까지 하기에 이른다. 폭군에게서 항복 선언을 받아낸 셈이다.

「아우를 위하여」가 어린 폭군의 횡포와 몰락을 비교적 단순한 스토리 라인에 실었다면, 「우리들의 일그러진 영웅」에서 그 과정은 한층 복잡하고 굴곡이 많은 궤적을 그려 보인다. 처음에 서울의 명문 초등학교를 떠나 시골 소읍의 보잘것없는 학교로 전학을 온 한병태는 엄석대의 폭력과 불합리에 모든 가능한 방식으로 맞서고자 한다. 그러나 적어도 성적만큼은 자신 있어 했던 그는 엄석대가 일제고사에서 학년 수석을 차지하는 결과 앞에 망연자실할 따름이다. 엄석대의 횡포를 담임 선생님에게 일러바쳐 보았지만, 반 아이들을 상대로 한 익명의 고발장 접수 결과는 엄석대의 비리를 밝혀내기는커녕 오히려 한병태 자신의 소소한 잘못을 들춰내는 것으로 귀결될 뿐이었다. "너는 내게 달려오기 전에 아이들부터 먼저 네 편으로 돌려놨어야 했어. (……) 나는 반 아이들 모두의 지지를 받고 있는 석대를 지지할 수밖에 없다"는 담임의 말은 한병태가 싸움에서 완패했음을 보여준다.

이 사건 이후 한병태에 대한 엄석대의 탄압은 한층 심해진다. 아무도 그를 놀이에 끼워 주지 않으며, 석대의 사주를 받은 아이들은 수시로 그를 괴롭히고, 복장 단정이니 청결이니 예절이니 하는 규범을 어길 때마다 예외 없이 적발하고 남보다 혹독한 처벌을 받게 만든다. 한 학기 동안 따돌림과 차별에 시달린 병태는 외로운 싸움에 차츰 지쳐 가고, 어느 날 오후 자신의 유리창 청소 검사를 몇 차례에 걸쳐 고의로 퇴짜 놓는 석대 앞에 결국 울음을 터뜨림으로써 항복 의사를 표한다. 마침내 유리창 청소 합격을 선언한 석대에게 병태는 이튿날 아끼던 샤프 펜슬을 바치는 것으로 굴종의 의식을 마무리한다.

"그 굴종의 열매는 달았다. (……) 석대의 은혜는 폭포처럼 쏟아졌다." 노회한 폭군 엄석대는 항복한 '적장'을 최대한의 예를 갖춰 대접함으로써 상황을 공고화하고자 한다. 그는 병태를 사실상 이 인자로 취급하면서 그를 자신이 구축한 체제의 확고한 일원으로 삼으려 한다. "그가 내게 바라는 것은 오직 내가 그의 질서에 순응하는 것, 그리하여 그가 구축해 둔 왕국을 허물려 들지 않는 것뿐이었다." 불합리하고 폭력적인 체제에 대한 저항 의지를 불태우던 주인공이 그 체제의 일부로 편입되는 사태는 확실히 「아우를 위하여」에서는 볼 수 없었던 새로운 국면이다. 억압과 저항, 불합리와 이성의 대결이란 그리 단순한 것만은 아니라고 작가는 말하려는 듯하다.

그러나 해가 바뀌고 6학년에 올라간 주인공들의 학급을 "사범학교를 나오신 지 몇 해 안 된 젊은" 선생님이 맡게 되면서 상황은 갑작스러운 반전을 맞게 된다.

저 화려한 역사책의 갈피에서와는 달리 우리 반(班)의 혁명은 갑작스럽고 약간은 엉뚱한 방향에서 왔다. 그 이듬해 담임 선생이 갈린 지 채

한 달도 안 돼 그렇게도 굳건해 보였던 석대의 왕국은 겨우 한나절로 산산조각이 나고 그 철권(鐵拳)의 지배자는 한낱 범죄자로 전락해 우리들의 세계에서 사라져 간 것이었다.

— 이문열, 「우리들의 일그러진 영웅」

엄석대 체제의 균열은 그의 '전교 일등' 신화의 붕괴에서부터 비롯되었다. 새로 온 담임은 그의 '전교 일등'이 공부 잘하는 몇몇 아이들이 자신의 시험 답안에 제 이름이 아닌 엄석대의 이름을 써 넣는 부정행위의 결과라는 사실을 적발한다(새 담임의 적발에 앞서 병태 자신이 우연히 그 사실을 알게 되었지만 이미 체제의 단맛에 흠뻑 취한 그는 그 체제가 영속하기를 바라는 마음에서 진실에 눈감는 쪽을 택한다). 엄석대를 교탁 앞으로 불러낸 담임은 그의 엉덩이에 무자비한 매를 안기고 그 광경은 병태를 비롯한 학생들에게 엄청난 충격으로 다가온다. "석대도 매를 맞는다. 저토록 비참하고 무력하게." 게다가 매를 동원한 담임의 추궁에 석대가 내뱉은 "잘못…… 했습니다"라는 말은 아이들을 더욱 커다란 충격에 빠뜨린다. "석대도 항복을 한다." 그 장면을 목격하는 아이들이 그동안의 왜곡되었던 이미지를 벗어 버리고 진실에 눈뜨게 되는 장면의 묘사는 인상적이다.

그 전의 석대는 키나 몸집이 담임 선생님과 비슷히게 보였고, 따로 떼어 놓고 생각하면 오히려 석대 쪽이 더 큰 것처럼 느껴지기까지 했다. 그런데 그날 교탁 위에 꿇어앉은 석대는 갑자기 자그마해져 있었다. 어제까지의 크고 건장했던 우리 반 급장은 간 곳 없고 우리 또래의 평범한 소년 하나가 볼품없이 벌을 받고 있을 뿐이었다. 거기 비해 담임 선생님은 키와 몸집이 갑자기 갑절은 늘어난 듯했다. 그리하여 무슨 전능한 거인(巨人)처럼 우리를 내려보고 서 있는 것이었다.

— 이문열, 「우리들의 일그러진 영웅」

시험 부정행위가 들통난 것을 계기로 엄석대의 체제는 순식간에 몰락한다. 아이들은 새 담임에게 엄석대의 지난 횡포와 비리를 낱낱이 까발리고, 새로운 급장을 뽑는 선거가 진행되는 동안 석대는 결국 교실 문을 박차고 나가며 그 길로 다시는 학교로 돌아오지 않는다.

「아우를 위하여」였다면 이야기는 여기서 끝나야 마땅하리라. 그러나 「우리들의 일그러진 영웅」은 그 다음 이야기를 마련해 놓고 있다. 그리고 어쩌면 여기서 주인공은 엄석대에서 한병태로 옮겨 갔다고 할 수 있을지도 모르겠다. 엄석대 체제에 가장 먼저 이의를 제기하고 저항을 시도했던 병태지만, 새 담임의 출현 이후 급작스럽게 닥친 엄석대의 몰락과 그에 대한 아이들의 열광을 그는 순수하게 받아들이지 않는다. "나는 아무래도 느닷없는 그들의 정의감이 미덥지 않았다. (……) 내 눈에는 그 애들이 석대가 쓰러진 걸 보고서야 덤벼들어 등을 밟아대는 교활하고도 비열한 변절자로밖에 비춰지지 않았다." 결국 새 급장을 뽑는 선거에서 기권표를 던지는 것으로 병태는 자신의 불편한 마음을 표시하는데, 그로부터 삼십 년 가까운 세월이 지나 그 시절을 회고하는 화자 '나'의 엉뚱한 고백이 또한 눈길을 끈다. "변혁을 선뜻 낙관하지 못하는 내 불행한 허무주의는 어쩌면 그때부터 싹튼 것이나 아닌지 모르겠다." 이 소설이 발표된 것이 '변혁'을 향한 담론과 행동이 한창 달아올랐던 1980년대 중후반이라는 사실, 그리고 작가 이문열의 그 이후의 행보를 감안해 보면 이 구절은 예사롭게 들리지 않는다.

「우리들의 일그러진 영웅」은 일종의 후일담 역시 예비해 놓고 있다. 어른이 된 '나'는 고단한 삶의 행로를 거쳐 오는 동안 "이런 세상이라면 석대는 어디선가 틀림없이 다시 급장이 되었을 것"이라는 상상을 곱씹고는 한다. 그러나 여름휴가를 떠난 강릉역에서 사복형사들에게 붙잡혀 가는 비루한 범죄자로서의 엄석대를 우연히 목격하게 되면서 그의 상상은 여지없이 박살이 나고 만다. 엄석대라는 '영웅 신화'가 최종적으로 무너져 내린 것이다.

> "너희들은 당연한 너희들의 몫을 빼앗기고도 분한 줄 몰랐고, 불의한 힘 앞에 굴복하고도 부끄러운 줄 몰랐다. 그것도 한 학급의 우등생인 너희들이…… 만약 너희들이 계속해 그런 정신으로 살아간다면 앞으로 맛보게 될 아픔은 오늘 내게 맞은 것과는 견줄 수 없을 만큼 클 것이다. 그런 너희들이 어른이 되어 만들 세상은 상상만으로도 끔찍하다……."
> 이문열,「우리들의 일그러진 영웅」

이것은 엄석대의 부정행위를 적발한 담임 선생님이 그의 시험 부정에 가담한 우등생들을 꾸짖으며 한 말이다. 「아우를 위하여」에서 교생 선생님이 수남이에게 한 말을 떠오르게 한다. 앞서 두 소설 모두에서 부당한 반장의 체제를 무너뜨리는 데에 새로운 선생이 결정적인 계기를 마련해 주었노라고 했지만, 속내를 들여다보면 거기에는 차이 또한 적지 않다. 「아우를 위하여」에서는 교생 선생님의 격려를 받은 아이들이 스스로 폭군을 몰아낸 반면, 「우리들의 일그러진 영웅」에서는 새 담임 선생님이 직접 행동에 나서 상황을 정리한다. 「아우를 위하여」의 교생이나 「우리들의 일그러진 영웅」의 새 담임이나 고전 극이론에서 말하는 '데우스 엑스 마키나(deus ex machina: 결정적인 국면에 극의 논리 바깥에서 출현한 구원자)'임에는 차이가 없지만, 후자 쪽에서 그 역할이 더 적극적이고 결정적이다. 두 소설은 모두 정치적 알레고리로서의 성격이 강한데, 「아우를 위하여」가 폭군에 맞서는 민중의 정의와 자발적 항거에 초점을 맞춘 반면, 「우리들의 일그러진 영웅」은 석대가 몰락한 뒤 반 아이들이 보인 행태를 통해 그들의 우중(愚衆)적 면모를 냉소적으로 그려 보인다. 그렇다면 황석영과 이문열이라는 두 작가의 상반된 정치 이념이 이 두 소설에 집약되어 있다고 보아도 무방하지 않을까.

학교 교실을 무대로 삼아 폭력과 권력의 문제를 다루었다는 점에서 이 두 소설과 함께 살펴볼 만한 작품이 전상국(1940~)의 단편 「우상의 눈물」(1980)이다. 이 작품은 비록 앞의 소설들처럼 초등학교가 아닌 고교 2학년 교실을 무대로 삼았지만 여러모로 앞선 두 작품과 비교할 만하다. 우선 두 작품의 이영래와 엄석대에 해당하는 최기표의 존재가 주목된다. 기표를 필두로 한 '재수파'들은 포악성과 완력으로 반 아이들 위에 군림한다(소설은 화자인 '나'가 "학교 강당 뒤편 으슥한 곳에 끌려가 머리에 털 나고 처음인 그런 무서운 린치를" 당하는 장면으로 시작된다). 다만 여기서는, 앞의 두 소설들과는 달리, 기표가 반장이라는 합법적 권위를 후광으로 둘러쓰지는 못한다. 오히려, 급장인 형우가 담임교사의 교묘한 사주와 협력을 등에 업고 기표를 서서히 무너뜨린다. 형우는 재수파들에게 끔찍한 폭행을 당하고도 끝까지 그들을 두둔함으로써 학생들 사이에서 일약 영웅으로 떠오른다. 「우리들의 일그러진 영웅」의 엄석대가 우등생들을 겁박해서 시험 부정과 점수 조작에 동원했던 것과는 달리, 여기서 형우는 기표를 비롯한 재수파들의 또 한 번의 유급을 막자며 동료 학생들에게 시험장에서의 '협력'(부정행위)을 요청한다. 더 나아가 동료 학생들의 도시락을 빼앗아 먹는 기표네들의 행위 역시 끔찍한 가난 탓으로 돌리고 그들을 위한 모금 운동을 주창함으로써 그들을 한갓 동정 받아 마땅한 가난뱅이의 처지로 내몬다("남의 찬 도시락을 훔쳐 먹어야 했던 우리의 가난한 이웃을 우리는 너무나 모르고 지냈습니다").

「우상의 눈물」의 화자인 '나' 이유대는 표면적인 악당 최기표와 교환한 권력 형우 사이의 싸움을 지켜보는 관찰자의 자리에 머문다. 아니, 그는 형우 및 담임 교사보다는 오히려 최기표 쪽에 좀더 기울어 있는 듯한데, 기표의 솔직하고 거침없는 악함에 비해 형우와 담임 교사의 위선과 모략이 더 나쁘다고 보았기 때문일 것이다. 형우의 관점에서 각색된 기표의 이야기가 신문에 미담으로 실리고 나아가 영화로까지 만들어진다는 소문이 도는 가운데 기표가 어디론가 사라져 버리는 것으로 소설은 마무리된다. '무섭다. 나는 무서워서 살 수가 없다'는 기표의 편지는 그가 형우 및 담임과의 싸움에서 여지없이 패배했음을 보여준다. 한편 기표의 실종 소식에, "내일 천일영화사 사람들하고 만나기로 약속한 날이잖냐? 그런데 이 망할 새끼가……"라며 아쉬움을 곱씹는 담임의 모습은 '나'의 회의적이고 냉소적인 관찰이 올발랐음을 확인시켜 주는 셈이다.

1980년에 발표된 「우상의 눈물」은 말하자면 「아우를 위하여」와 「우리들의 일그러진 영웅」의 사이를 잇는 매개와도 같은 작품이다. 세 소설 모두 교실을 무대로 삼아 권력의 형성과 몰락, 그리고 그 바탕을 이루는 정치적 메커니즘을 알레고리적 수법으로 그리고 있다. 특히 「아우를 위하여」와 「우리들의 일그러진 영웅」의 서사 구조의 유사성이 주목되는데, 유사성 속의 차이에 투영된 두 작가의 상반된 정치의식을 엿볼 수 있다는 점에서도 두 소설은 흥미로운 독서 경험을 제공한다.

황석영, 「아우를 위하여」, 『황석영 중단편전집 1-객지』, 창비, 2000
이문열, 「우리들의 일그러진 영웅」, 『우리들의 일그러진 영웅-이문열 중단편집 4』, 아침나라, 2001
전상국, 「우상의 눈물」, 『우상의 눈물』, 민음사, 2005

15
회색인과 자유주의자의 역사 읽기

─── 최인훈(1936~)의 연작소설 「총독의 소리」(1968)와 복거일(1946~)의 장편 『碑銘을 찾아서』(1987)는 일본의 한반도 식민 지배라는 역사적 사실로부터 비슷하면서도 상이한 상상력을 끄집어낸다. 「총독의 소리」 연작이 1960, 70년대를 배경으로 한반도에서 암약하는 '일본 총독'의 존재를 상정하는 데 반해, 『碑銘을 찾아서』는 1980년대 후반 현재 한반도에 대한 일본의 식민 지배가 여전히 계속되고 있다는 가정 아래 이야기를 끌어간다. 복거일은 1987년에 전작으로 발표한 이 소설을 '대체 역사(alternative history)'라 불렀는바, 그런 명명법을 좇자면 최인훈의 연작 역시 일종의 대체 역사소설이라 할 법하다.

「총독의 소리」 연작은 모두 네 편으로 이루어졌다. 연작 1~3은 1960년대 말에 발표되었으며 마지막 4편은 작가가 3년여에 걸친 '미국 시대'를 마감하고 귀국한 직후인 1976년 여름에 나왔다. 1959년 단편 「Grey 구락부 전말기」를 발표하면서 문단 활동을 시작한 이래 십수 년에 걸쳐 열정적으로 소설을 써 오던 최인훈은 「총독의 소리·4」를 마지막으로, 1994년 장편 『화두』를 내기까지

길고 오랜 소설적 침묵에 빠져든다(「총독의 소리 · 4」와 『화두』 사이에 그는 「달과 소년병」 같은 짧은 단편을 내놓았을 뿐 주로 희곡과 산문에 집중한다. 1976년 문학과지성사에서 나오기 시작한 '최인훈 전집'은 1980년 모두 12권으로 일단 완간되었다).

> 충용한 제국(帝國) 신민(臣民) 여러분. 제국이 재기하여 반도(半島)에 다시 영광을 누릴 그날을 기다리면서 은인자중 맡은 바 고난의 항쟁을 이어가고 있는 모든 제국 군인과 경찰과 밀정과 낭인(浪人) 여러분.
> ―최인훈,「총독의 소리 · 1」

「총독의 소리」 연작 첫 편은 이렇게 시작된다. 이 목소리가 "제국의 불행한 패전이 있은 지 이십유여 년" 동안 '반도'에서 비밀리에 활동해 온 일본 총독부의 지하 방송이라는 사실은 소설 말미의 다음과 같은 자기 소개로써 비로소 분명해진다. "지금까지 여러분은 불란서의 알제리아 전선의 자매단체이며 재한 지하 비밀 단체인 조선총독부지하부의 유령방송인 총독의 소리가 대한민국 제6대 대통령 선거 및 제7대 국회의원 선거 종료에 즈음하여 발표한 논평 방송을 들으셨습니다."

제2차 세계대전의 종전과 더불어 일본 제국주의가 한반도에서 물러난 것이 엄연한 역사적 사실인 터에 조선총독부가 지하 비밀 단체로서 엄존하고 있다는 설정은 참신하다기보다는 차라리 엉뚱해 보이는 것이 사실이다. 그러나, 결론을 미리 앞당겨 제출해 보자면, 작가의 그런 상상력은 나름대로 타당한 현실적 근거를 지닌 것이라는 데에 이 작품의 문제성이 있다. 작가는 이 소설이 쓰여진 1960년대 후반 남한의 현실이 일본의 식민 지배를 일소하지 못한 채 여전히 식민지로서의 성격을 온존하고 있다고 본 것이다. 총독의 소리 방송은 그런 식민지적 성격을 정권의 매판성과 민중의 노예근성 두 가지로 크게 요약한다.

> 반도의 역대 정권은 본질적으로 매판 정권으로서 민족의 유기적 독립체의 지도부층이 아니라, 외국 세력의 한국에 대한 지배를 현지에서 대행해줌으로써 자신들의 지위를 보존해왔던 것입니다.
>
> 반도인들의 이 뿌리 깊은 노예근성에 희망을 걸었기 때문입니다.
>
> ─최인훈, 「총독의 소리 · 1」

'총독의 소리'는 당연히 정권의 매판적 속성과 민중의 노예근성을 긍정적인 관점에서 바라보지만, 작가의 의도가 그와는 반대 방향을 향하고 있음은 두말할 나위가 없다. 그러니까 이 소설은 패전 이후에도 사그라지지 않는 일본의 한반도에 대한 식민 지배 야욕, 그리고 그 야욕에 빌미를 제공하는 한반도의 위정자들과 민중의 반역사적 행태를 반어적으로 비판하고 있는 것이다. 그런 판단의 직접적인 계기는 1967년 5월과 6월에 있었던 대통령선거와 국회의원 선거였다.

반도인들의 그 썩은 근성이 어디로 갔겠습니까. 막걸리는 흘러서 강을 이루고 부스럭 돈은 흩어져 낙엽을 이루었습니다. 또 다시 피아노표, 쌍가락지표, 다리미표, 무더기표, 대리투표, 개표 부정의 난장판이었습니다. 민주주의가 난장 맞은 것입니다. (……) 그들은 지난날 일억전원 옥쇄(一億全員玉碎)의 가르침을 고지식하게 명심하고 있다가 2천만 전원 타락이라는 희한한 실천을 보여준 것입니다. 이들은 볼짱 다 봤습니다. 파장은 가깝습니다. 지하에 있는 나의 충용한 모든 제국 신민은 정권 수복의 그날을 준비하십시오.

— 최인훈, 「총독의 소리・1」

「총독의 소리」가 비판하는 것이 한반도의 남쪽만이 아니라는 사실은 연작 제2편에서 분명해진다. 총독이 보기에 한반도의 남과 북은 일본 식민 지배의 두 축이었던 반공주의와 천황제를 사이좋게 나눠서 지켜 오고 있다. 반공을 국시로 삼은 남쪽의 타락상은 「총독의 소리・1」에서 확인되었거니와, 1968년 1월 21일 청와대를 목표로 삼은 31명의 북한 무장 게릴라 침투 사건을 계기로 쓰여진 「총독의 소리・2」에서는 북한 사회의 시대착오적 면모가 신랄하게 고발된다. "그들(북조선 공산당)은 제국 신민답게 천황제 국가적 사회 형태와 권위 신봉적 인간형을 공산주의라는 이름 아래 온존하고 있음이 분명"(괄호 안은 필자)히다고 보는 총독은 남과 북 사이의 내분과 갈등이 지속되는 것이 일본의 한반도 재지배에 유리하리라는 판단을 내비친다.

이것입니다. 일제 농구화를 북의 무장 특무에게 신겨서 남쪽을 짓밟게 하는 것―이것이 요체입니다. 제국은 꾸준히 이 정책을 번갈아가며 추구해야 할 것입니다. 그 까닭은 누누이 설명했듯이 반도의 남과 북이 방공과 천황제(天皇制)를 각각 계승 발전시키고 있기 때문에 그 어느 쪽도 쓰다듬어 길러야 하기 때문입니다.

―최인훈, 「총독의 소리·2」

그런 총독이 보기에 1970년대 초중반 미국과 소련 및 중국 사이의 화해(데탕트) 분위기는 못마땅할 뿐만 아니라 위협적으로 다가왔을 법하다. 미―소 및 미―중 데탕트는 곧바로 그들의 영향권 아래에 있는 한반도의 남과 북 사이에도 화해 분위기를 조성시킬 것이 분명하기 때문이다. 「총독의 소리」 연작 4편은 "이른바 데탕트라고 불리는 귀축미영(鬼畜米英)과 적마(赤魔) 러시아 사이의 더러운 야합 놀음에 대하여, 본 총독부의 공식 견해"라면서 두 가지 방안을 제시한다.

첫째는 반도에서 전쟁이 일어나도록 유도하는 것입니다. (……) 반도의 경영의 두 번째 목표는, 남북 사이에 데탕트의 여택이 긍정적으로 미치는 것을, 적극 가로막아야 할 것입니다.

―최인훈, 「총독의 소리·4」

분단 이후 갈등과 대립의 역사를 거듭해 온 남과 북 사이의 화해가 최인훈의 초미의 관심사였음은 그의 연작소설 『소설가 구보씨의 일일』에서도 확인할 수 있다. 아니, 갈등이나 화해 이전에 남과 북의 분단이라는 사태부터가 그에게는 부당한 역사의 농담 정도로 다가왔던 듯하다. 다음과 같은 총독의 말은, 독일과 마찬가지로 전범 일본이 당해 마땅했던 국토의 분단이 전쟁 피해자인 한반도의 몫으로 떨어져야 했던 얄궂은 역사의 주사위 놀음에 대한 작가의 불만을 반어적으로 드러내고 있음이다.

> 현실은 그와 거꾸로 된 길을 걸어왔습니다. (……) 이 끔찍한 분할 점령의 악몽을 반도가 현실로 짊어지게 된 것입니다. 반도는 제국의 비운의 순간에도 제국을 위한 살길을, 몸으로 마련한 것입니다. 참으로 제국의 복지(福地)가 아니고 무엇입니까. 참으로 제국을 위한 속죄양이 아니고 무엇입니까?
>
> ─ 최인훈, 「총독의 소리 · 4」

「총독의 소리」 연작은 일본의 한반도 재식민화 야욕과 그에 빌미를 제공하는 남북한 위정자 및 백성들의 타락상, 그리고 애초에 전범 일본이 아닌 전쟁 피해국 한반도를 분할 점령하고 결국 분단으로 몰고 간 강대국들의 불합리한 처사를 두루 비판하고 있다. 연작 1·2편에서 총독의 소리 방송을 듣고 난 '그' 또는 '시인'이 착잡한 심사를 곱씹으며 '어둠'을 내나보거나, 연삭 4편에서 역시 '시인'이 (깨어 있기 위해서) "불면제를 먹는다"는 결말은 작가의 그런 비판적 태도를 대행하는 것으로 읽힌다.

「총독의 소리」 연작에서 반어적이거나 소극적으로 드러났던 작가의 역사관과 현실 인식을 노골적이고 적극적으로 피력한 것이 1968년에 발표한 단편 「주석의 소리」다. "환상의 상해 임시정부가 보내는 주석의 소리" 방송이 전송하는 "주석 각하의 3·1절 담화"를 표방한 이 소설은 근대 이후 세계사의 전개를 개괄한 다음 한반도가 놓인 상황을 설명하고 현단계 민족사의 주체로서 '동포'가 어떻게 행동해야 할지를, 정부·기업인·지식인·국민으로 항목을 나누어 제안하고 있다. "정부는 국민에 의한 비판의 온갖 기회를 스스로 개방하여야 하며, 결과적으로 그것이 그 정권 자체의 득이기도 하다는 것을 알아야 합니다"라든가 "기업의 공익성에 대해 최대의 노력과 자제를 보이지 않으면 야단날 것이라는 점입니다", 또 "진리의 옹호, 그것이 지식인에게 맡겨진 주요한 노동입니다. 우리의 경우 진리를 옹호한다 함은 민족국가의 독립을 지키고, 사회정의를 실천하고, 사회적 부의 증대를 가져오기 위한 과학적인 방법을 연구하고, 이것을 사회에 보고하는 일입니다"와 같은 식이다.

　이렇듯 긍정적이고 생산적인 주문이 제시되고 있지만, 여기서도 방송을 듣고 난 '시인'의 심회는 「총독의 소리」에서와 마찬가지로 착잡하다. 말할 나위도 없이, 주석의 제언과는 동떨어진 현실의 면모 때문이다. 작가가 가상의 존재로서 일본 총독을 상정하든 상해 임시정부 주석을 상정하든 그들을 프리즘 삼아 들여다본 현실의 불구성에는 변함이 없는 것이다. 작가의 출세작이자 대표작인 『광장』에서부터 두드러졌던 이런 문제의식은 그의 만년의 역작인 『화두』에까지 이어지는 필생의 '화두'라 할 법하다.

복거일의 『碑銘을 찾아서』는 1909년 10월 26일 만주 하얼빈역에서 안중근의 총에 맞은 이토 히로부미가 부상만 입었을 뿐 죽지는 않았다는 역사적 가정에서부터 출발한다. 1월부터 같은 해 12월까지 1년 동안을 배경으로 하며 모두 109개의 장으로 이루어진 이 소설의 각 장 앞머리에는 짧은 인용문들이 붙어 있는데, 첫 장의 인용문은 '작은 차이로도 걷잡을 수 없이 커다란 변화가 초래된다'는 취지를 담고 있다. 그러니까 이토 히로부미가 죽지 않고 살아남았다는 데서부터 한반도를 둘러싼 역사의 전개는 우리가 알고 있는 것과 전혀 다른 양상을 띠게 되었고, 한반도에 대한 일본의 식민 지배가 여전히 계속되고 있다는 것이 그 핵심에 해당하며, 그것이 이 소설의 기본 전제를 이룬다.

소설의 부제 '京城, 쇼우와 62년'은 이 책의 시공간적 배경이 일본 식민치하의 서울과 서기 1987년이라는 사실을 알려준다. '게이조(京城)'는 서울의 일제 시대 명칭이며(소설에서는 '게이조우'로 표기된다. 외래어표기법에 따르면 '쇼와'가 되어야 할 '昭和' 역시 '쇼우와'로 나온다. '도쿄'여야 할 '東京'도 같은 이치로 '도우쿄우'로 표기되며, 한반도를 가리키는 '半島'도 '한도'가 아닌 '한도우'로 표기된다), '쇼와 시대'란 히로히토가 왕위에 오른 1926년을 원년으로 삼는 연호를 가리키는 것이다. 그러니까 소설 속에서 1987년 현재 서울을 포함한 한반도는 여전히 일제의 식민 지배 아래 놓여 있다.

소설의 주인공은 기노시다 히데요(木下英世), 조선인이다. 일제 강점기의 강압적인 창씨개명 때 흔히 하던 방식대로 '박(朴)'을 파자(破字)해서 '木下'로 쓰고 '기노시다'로 읽었으며(외래어표기법 상으로는 이것도 '기노시타'가 맞다), 한국 이름 '영세' 역시 일본식 한자 이름 '히데요'로 바뀌었다. 기노시다 히데요는 게이조 데이고쿠 대학(京城帝國大學) 출신으로 갑종 간부 후보생을 거쳐 만주에서 군복무를 하다가 제대했으며, 지금은 '한도우(半島) 경금속 주식회사'의 과장으로 근무하고 있는 서른아홉 살 된 남자다. 정식 등단을 거쳐 시인으로도 활동하고 있는 그는 시집 출간을 앞두고 있으며, 딸 하나를 둔 유부남이면서도 부하 직원인 내지(일본)인 처녀 시마즈 도키에에게 연심을 품고 있다.

쇼와 62년 1월 1일 이른 아침, 기노시다 히데요가 면도를 하면서 마흔을 목전에 둔 자신의 삶의 대차대조표를 작성해 보는 장면으로 소설은 시작된다. 회사원답게 자산과 부채를 꼼꼼히 따져본 결과 그는 자신의 삶에 대해 "제법 충실한 대차대조표"라는 중간 결산을 내린다. 현재의 삶에 만족하고 있다는 뜻인데, 그랬던 그가 소설 마지막 장면에서는 삶의 모든 근거를 놓아 둔 채 미지의 땅으로 '망명'을 떠나기에 이른다. 소설 『碑銘을 찾아서』는 기노시다 히데요의 삶에 찾아온 이런 극적인 전환의 계기와 과정을 따라 전개된다.

'대체 역사' 소설로서 『碑銘을 찾아서』에는 흥미로운 요소들이 여럿 있다. 기노시다 히데요와 직장 동료들은 "차기 오림삣꾸 개최지로 게이조우가 유력하다는 신문 기사"를 저녁 회식 자리에서의 화제로 삼는다. 1988년 서울 올림픽의 소설적 반영이다. 그런가 하면 실제로는 1970년에 자위대의 궐기를 촉구하며 할복자살했던 일본 작가 미시마 유키오가 소설에서는 1986년 노벨 문학상을 받은 것으로 그려진다. 마오쩌둥과 저우언라이, 주더 등 중국 공산당의 주요 지도자들이 1935년 국민당 군과의 옌안 전투에서 전사함으로써 당 자체가 와해되지만, 공산당은 나중에 류사오치에 의해 재건되어 중국 본토에 대한 지배권을 놓고 국민당과 다툼을 벌이고 있다. 무엇보다 일본은 제2차 세계대전 때 독일·이탈리아와 함께 추축국으로서 참전하지 않았으며 미국과 영국 등 연합국에 우호적인 중립 노선을 지킴으로써 평화와 번영을 누리게 되었다(나가사키와 히로시마 대신 독일 드레스덴과 브레멘이 미국 원폭의 첫 투하지가 되며, 미국과 러시아가 분할 점령했던 폴란드가 동서로 분단된다). 그 덕분에 일본은 조선과 대만, 만주 등을 식민지로 경영하면서 미국과 러시아에 이어 세계에서 세 번째로 강한 나라로 행세하고 있다. 그런 일본에 완전히 동화된 조선인들은 불과 몇십 년 사이에 자신의 말과 역사를 까맣게 잊어버린 채 '이등국민'으로 자족하며 살아가고 있다…….

대부분의 조선인들과 마찬가지로 자신과 제 민족의 처지에 비교적 만족해하고 있던 기노시다 히데요로 하여금 현실을 달리 보게 만든 것은 한 권의 책이었다. 『도우꾜우, 쇼우와 61년의 겨울』이라는 세목의 이 작사 미상의 소실은 그러니까 『碑銘을 찾아서』의 서울상이라 할 법하다. 이토 히로부미가 하얼빈에서 안중근의 총에 맞아 죽었다는 데서부터 시작되는 이 소설은 그 뒤의 역사 전개를 있는 그대로 담고 있다. 그런 점에서는 실제 역사라 하겠는데, '대체 역사' 소설인 『碑銘을 찾아서』의 세계에서는 그런 상황이야말로 여지없이 가상의 '대체 역사'가 되는 것이다. 『碑銘을 찾아서』의 주인공인 기노시다 히데요에게는 『도우꾜우, 쇼우와 61년의 겨울』이라는 텍스트의 이야기가 작가의 기발한 상상력의 산물이자, 그동안 자명하다고 생각해 왔던 현실과 역사에 삐딱한 시선을 던지게 만드는 자극제로 다가온다. 그 책과의 만남은 그의 인식과 실존에 무시무시한 충격을 던지는 '사건'이 된다.

> 히데요는 책을 덮고 눈을 감았다. 세상의 한 모서리가 무너져나가 문득 드러난 허공 앞에 선 느낌이었다. 스산한 가슴속의 들판을 소슬한 늦가을 바람이 쓸고 있었다. 지금까지 대지처럼 단단하고 확실하게 보였던 관념들이 그 바람 앞에 나뭇잎들처럼 흔들렸다.
>
> ― 복거일, 『碑銘을 찾아서』

『碑銘을 찾아서』의 주민으로서 히데요는 『도우꾜우, 쇼우와 61년의 겨울』에 대해 "천황이 정치적으로 아무런 실권이 없는 상징적 존재로 된 것, 결코 다른 나라에 대해 무력을 사용하지 않을 것임을 헌법에 명시한 점, 현재 세계에서 세 번째로 강한 황군이 십만 명도 못 되는 '일본 자위군'으로 된 것, 수상의 야스구니진자 참배가 새로운 군국주의적 행동이라고 야당인 일본 공산당의 비난을 받은 것 따위는 좀 믿기 어려운 상황 설정이었"노라는 독후감을 제출한다. 상상력이란 것이 얼마나 현실에 종속되어 있는 것인지를 잘 보여주는 대목이라 하겠는데, 거꾸로 생각하면 『碑銘을 찾아서』의 '대체 역사' 역시 얼마든지 현실로 몸을 바꾸었을 수도 있다는 뜻이 되겠다.

『도우꼬우, 쇼우와 61년의 겨울』과의 만남으로 현실을 '달리' 보게 된 히데요는 멸실된 조선의 역사로 이끄는 끈을 차례로 만나게 된다. 비록 내지어(일본어)로 글을 쓰고는 있지만 조선의 시인으로서 그는 조선의 문화와 언어를 향한 탐색 역시 멈추지 않는다. '아는 만큼 보인다'고 했거니와, 지금의 현실이 요지부동의 확고한 실체가 아닐 수도 있다는 힌트를 얻은 그의 눈에 전에는 모르고 지나쳤던 실마리들이 비로소 모습을 드러내게 된 것이다. "아득한 옛날 징꼬우 황후(神功皇后)가 조선을 정복해서 복속시킨 뒤로는" "조선이 따로 정부를 가졌던 적은 없었다"고 배웠던 히데요는 불과 몇십 년 전까지만 해도 조선이 독립국이었다는 사실을 알게 된다. 자신의 성이 '신라'라는 옛 왕국의 왕에게서 온 것이며 자신의 이름은 '기노시다 히데요'가 아니라 '박영세'라는 것을 알게 되고, 조선에는 조선 나름의 말과 글이 있었다는 사실, 나아가 중국 상하이에 조선 임시정부가 칠십 년째 활동 중이라는 사실도 확인하게 된다(이 임시정부는 어쩐지 최인훈의 소설 「주석의 소리」의 그 임시정부를 연상시키기도 한다). 상보의 상례에 참석하느라 처가인 모로야마(兀山)에 갔던 히데요는 화장을 마친 장모의 재를 치르러 들른 절에서 어느 노스님으로부터 『님의 침묵』과 「조선 독립의 서(書)」등 만해 한용운의 글들을 전해 받는다. "뜻밖의 곳에서 스승을 만나 소중한 의발을 물려받은 것이었다." 이렇듯 잃어버린 조선의 역사와 언어라는 뿌리를 되찾는 일은 '기노시다 히데오'가 '박영세'로 새롭게 태어나는 일과도 같다.

> 한 사람이 자기 민족의 잃어버린 역사와 문화에 대해 알게 되는 것은 단순히 지식을 넓히는 일이 아니었다. 그것은 그의 실체가 바뀌어 다른 사람이 되는 것이었다. 쉬운 일일 수가 없었다. 지금까지 자신이라고 믿었던 실체의 상당한 부분이 허구였었다는 사실을 발견하는 것은 누구에게도 큰 충격일 터였다. 그리고 그 허구로 밝혀진 것을 대신해서 채울 실체는 그냥 주어지는 것이 아니었다. 스스로 찾아야 했다. 당연히 힘든 일이었다. 그리고 두려운 일이었다. 새로 태어나려는 자신이 어떤 사람일는지 모른다는 것은 반생을 넘게 산 사람에겐 무척이나 두려운 일이었다. 그래도 찾아야 했다. 아니면, 전보다 훨씬 작아진, 그리고 그나마 불완전한, 인격으로 남아야 했다.
>
> ─복거일, 『碑銘을 찾아서』

그는 이제 힘들더라도 진실을 좇을 것이냐 아니면 안락한 허구에 눌러앉을 것이냐 하는 실존적 결단을 앞두고 있다. 그러나, 아마도 만해 선사의 글을 물려받는 순간, 그는 이미 루비콘 강을 건넌 것인지도 모른다. 일본 출장을 간 길에 그는 교토 데이고쿠 대학 도서관에 소장되어 있는 조선 관련 책들을 복사해서 들여오려

다가 붙잡혀 고문과 취조를 당한 끝에 전향자 단체인 '사상보국연맹'에 편입되어 갱생 교육을 받게 된다. 유치장에 갇힌 그는 '결국 이렇게 되는 수밖엔 없었나?' 하는 질문을 스스로에게 던져 보지만, 결국 그렇게 되는 수밖엔 없었다는 사실을 우리는 잘 알고 있다. "도대체 무엇 때문에 조선 사람들이 조선 사람으로 남기를 고집해야 합니까?"라고 그의 갱생 교육을 담당하는 조선인 문학평론가 하쿠야마 마사오미는 묻는다. 조선인이 하루빨리 조선인의 껍데기를 벗고 완벽한 황국 신민이 되는 것만이 살 길이라던 가야마 미쓰로(香山光郎=이광수)의 논리의 연장인 셈인데, 그것이 히데요를 설복하지는 못한다. "그에겐 무엇보다도 어떻게 해야 쇼우와 62년의 조선에서 조선 사람이 '한도우징(半島人)'이 아닌 '조선인'이 될 수 있느냐 하는 문제가 남아 있었다." 조선이라는 뿌리를 일단 확인한 이상, 그가 아무 일도 없었다는 듯이 일본인으로 살아가기란 불가능해진 것이다.

 설령 세상이 바뀌어 내지인들의 조선 통치가 너그럽고 공정하고 현명한 것이 될지라도, 조선 사람들이 스스로 다스리는 것보다 더 공정하고 현명한 통치가 될지라도, 조선은 꼭 독립해야 한다. 어떤 사람도 다른 사람이 대신 살아줄 수는 없기 때문에, 사람이 스스로를 다스리고 스스로의 운명을 결정하지 못한다면, 그는 사람다운 사람이 될 수 없는 것이다. 그렇기 때문에, 식민지와 자유는 양립할 수 있는 개념들이 아닌 것이다.

― 복거일, 『碑銘을 찾아서』

이렇게 생각은 하고 있지만, 히데요가 조선이라는 뿌리를 찾아가게 된 데에는 역시 실생활에서 경험하는 크고 작은 민족 차별이 중요한 동기를 제공한다("궁극적으로 그의 문제는 내지인이 주인인 세상에 조선인으로 태어난 죄였다"). 그가 비록 실존의 저변을 뒤흔드는 인식론적 충격을 맛보았다고는 해도 유치장에서 풀려나고 회사에도 복직한 그가 적어도 표면적으로는 이전과 같은 생활을 꾸려 갈 가능성은 얼마든지 있었다고 보아야 할 것이다. 그러나 그가 갇혀 있는 동안 그의 석방에 도움을 주겠다는 핑계로 아내와 접촉한 일본군 장교가 아내와 불륜을 저지른데다가 술에 취한 채 히데요의 어린 딸까지도 범하려는 일이 벌어지자 그는 결국 그 장교를 목 졸라 죽이고 마지막 선택을 한다. 임시정부가 있는 상하이로 가기로 한 것이다.

'가자, 상해를 찾아가자. 조선 사람들이 세운 망명 정부가 있는 곳, 조선 사람들이 조선 말을 하고 조선 글을 쓰는 곳, 조선 사람들이 조선 사람 노릇을 하는 곳, 그곳으로 가자. 가서 조선 사람이 되자. 기노시다 히데요(木下英世)는 이 땅에 벗어놓고, 그 자유로운 땅에 가서 박영세(朴英世)가 되자.' 가슴이 벅차올라, 그는 거실을 서성거리기 시작했다. '가자. 그곳에 가서 시를 쓰자. 조선 글로 쓰자. 녹슨 조선 글을 달구어 땀 흘려 벼리는 대장장이가 되자.'

— 복거일, 『碑銘을 찾아서』

배낭을 멘 등산객으로 위장한 그가 만주와 몽골을 거쳐 상하이까지 수만 킬로미터를 순전히 도보로 주파한다는 계획이 성공할 가능성은 거의 희박할지도 모른다. 그렇지만 지금의 그에게 중요한 것은 성공 가능성이 아니다. 가야 할 길이 있다는 사실이다. 어떤 의미에서 그는 그 길의 부름에 응해 나선 것이다. '길이 보이는 한, 난 망명객이다. 내가 나일 수 있는 땅을 찾아가는 망명객이다.'

『도우꾜우, 쇼우와 61년의 겨울』이 『碑銘을 찾아서』의 거울상인 것처럼, 최인훈 소설 「총독의 소리」의 총독은 히데요의 거울상이라 할 수도 있겠다. 두 인물—과 그들의 거처인 두 소설—은 반대 방향에서 서로를 마주 보고 있는 거울과도 같다. 그 거울에 비치는 이미지는 상대방의 뒤집힌 꼴[逆像]이다. 다음의 인용문들은 두 소설의 거울 관계 또는 메아리 효과를 단적으로 보여주는 대목들이다.

> 제국은 종교를 상실하였기 때문입니다. 제국의 종교는 무언가? 식민지인 것입니다. 식민지는 무언가? 반도인 것입니다. 반도야말로 제국의 종교였으며 신념이었으며 사랑이었으며 삶이었으며 비밀이었던 것입니다.
>
> —최인훈, 「총독의 소리·1」

> "내 얘기가 바로 그거야. 조선은 일본이 진 십자가라고. 조선을 다스리는 데는 어쩔 수 없이 군인이 필요하다고, 그러니 자연 문민 정치를

이루는 데 장애가 생기고. 그렇다고 골치 아프니까 조선을 떼어내어 팽개칠 수도 없잖아? 한 나라네."

—복거일, 『碑銘을 찾아서』

「총독의 소리」와 『碑銘을 찾아서』는 모두 한반도(남쪽)의 현실이 식민지와 다름없다는 비판적 현실 인식을 드러낸다. 1960년대 말과 1980년대 말이라는 발표 시기 및 작품 배경의 차이에도 불구하고 두 소설의 현실 인식에는 차이점보다는 공통점이 더 많아 보인다(『碑銘을 찾아서』에서, 일본의 공해 산업이 집중적으로 조선으로 들어온다거나 시위 주동 혐의로 경찰에 체포되어 조사를 받던 대학생이 자살하는 사건, 또는 일본의 수도군단장을 비롯한 일부 장성이 군의 위계 질서를 무너뜨리는 쿠데타를 감행한다는 등의 설정은 80년대 남한 사회의 현실을 강력하게 환기시킨다).

글을 마무리하기 전에, 『碑銘을 찾아서』의 작가 복거일의 그 뒤 행보에 대해 언급하지 않을 도리가 없다. 그는 2003년에 『죽은 자들을 위한 변호: 21세기의 친일문제』라는 책을 내놓은 바 있다. 500쪽이 넘는 방대한 분량에 다양한 논문과 통계 자료 등을 동원한 그 책의 요지는 일본의 식민 통치 기간 동안 "조선의 근대화가 이뤄졌으며, 일제 말기의 인구가 초기의 2배에 이를 만큼 늘었다는 사실로 미루어 그 시대가 그런대로 살아갈 만한 세월이었"다는 것, 그럼에도 "일제 식민통치가 더할 나위 없이 가혹했"으며 "따라서 조선인들에게는 선택의 여지가 없었으므로 친일행위에 대한 비난은 부당하다"는, 얼핏 자기모순적으로 보이는, 논리다. 이 논리를 가령 앞서 인용한, "식민지와 자유는 양립할 수 있는 개념들이 아닌 것"이라는 히데요의 생각과 비교해 보자. 복거일이 『碑銘을 찾아서』에서부터 얼마나 먼 길을 떠나왔는지를 단적으로 확인할 수 있다. 『죽은 자들을 위한 변호』와 비슷한 무렵에 그는 『영어를 공용어로 삼자』는 책을 내고 책 제목과 같은 '과격한' 주장을 내놓기도 했는데, 그런 주장과 조선어에 대한 히데요의 애착 사이에는 또 얼마나 너른 강이 흐르고 있는 것인가. 자유주의자를 자처하는 그는 민족과 민족주의에 대한 냉담하며 심지어 적대적이기까지 한 태도를 그 유력한 증거로 삼고자 하는 듯하다. 그러나 그의 출세작인 『碑銘을 찾아서』에서 보이는 것은 역시 민족과 민족주의에 대한 어쩔 수 없는 경도라 해야 하지 않을까. 조선의 잃어버린 역사와 언어를 찾아 헤맨 끝에 임시정부가 있는 상하이를 향해 망명 길에 나서는 히데요를 두고 맹목적인 민족주의자라고 매도할 수 있겠는가, 지금의 복거일에게 묻고 싶다.

최인훈, 「총독의 소리」, 『최인훈 전집 9-총독의 소리』, 문학과지성사, 1999
복거일, 『碑銘을 찾아서』, 문학과지성사, 1987

16

수로부인과
칠번국도를 달리다

『삼국유사』는 마르지 않는 상상력의 샘과도 같다. 고려 승려 일연이 쓴 이 책은 고구려, 백제, 신라 세 나라의 생성과 부침을 기록한 역사서일 뿐만 아니라 수많은 사람들과 동물 및 식물, 천문과 지리, 그리고 자연 현상에 관한 진기한 이야기들을 수집해 놓은 이야기의 보물창고이기도 하다. 숱한 시인·소설가 들이 『삼국유사』라는 샘에서 영감을 길어 올렸으되, 이 샘은 여전히 찰랑찰랑 새로운 이야기와 생각 거리로 흘러넘치고 있다.

　　윤대녕(1962~)의 단편소설 「신라의 푸른 길」(1994) 역시 『삼국유사』에 이야기의 얼개를 기대고 있다. 작가의 관심을 끈 대목은 이 책의 권 제2 '기이' 하편에 나오는 수로부인 이야기다. 신라 성덕왕 때 순정공이 강릉태수로 부임하러 가던 중 바닷가에서 점심을 먹는데, 까마득한 바닷가 절벽에 철쭉꽃이 활짝 피어 있었다. 순정공의 부인 수로(水路)가 그것을 보고 "누가 저 꽃을 꺾어 바치겠느냐?"고 좌우에 물었으나 위험하다면서 아무도 나서지 않는데, 소를 몰고 지나던 웬 노옹(老翁)이 절벽을 올라가 꽃을 꺾어다가 부인에게 바쳤다. 그런 다음 노래를 지어 바쳤으니 「헌화가(獻花

歌)」가 바로 그 노래이다.

> 자줏빛 바위 가에
> 잡고 있는 암소 놓게 하시고
> 나를 아니 부끄러워하시면
> 꽃을 꺾어 바치오리다.

수로부인은 미색이 출중했던 모양이다. 철쭉꽃과 「헌화가」 사건이 있은 지 이틀 뒤에는 역시 임해정에서 점심을 먹던 중 갑자기 용이 나타나 부인을 납치해서는 바다로 들어가 버렸다. 당황하여 어찌할 바를 모르고 있던 순정공 앞에 이번에도 웬 노인이 나타나 계책을 일러주었는데, 여럿이서 함께 용을 위협하는 노래를 부르라는 것이었다. 이때 부른 노래가 「해가(海歌)」였으니 이러하다.

> 거북아 거북아, 수로를 내놓아라.
> 남의 부녀를 약탈했으니 그 죄가 얼마나 큰가.
> 네 만약 거역하고 내어 바치지 않으면
> 그물을 넣어 사로잡아 구워서 먹으리라.

가락국 시조 수로왕(首露王)의 강림 설화에 나오는 「구지가(龜旨歌)」(거북아 거북아 머리를 내놓아라/ 만약 내놓지 않으면 구워 먹으리)와 비슷한데다, 가락국 왕과 순정공 부인의 이름 역시, 비록 한자는 달라도 한글 발음으로는 같은 '수로'라는 사실이 흥미롭다.

『삼국유사』의 '수로부인' 편은 "수로는 자태와 용모가 뛰어났으므로 깊은 산이나 큰 못을 지날 때마다 자주 신물(神物)에게 납치당했다"는 문장으로 마무리된다. 「헌화가」와 「해가」 사건뿐만 아니라 여기서 기록하지 않은 비슷한 사건들이 여러 번 있었다는 뜻이겠다.

윤대녕의 소설 「신라의 푸른 길」은 화자이자 주인공인 남자가 서울을 떠나 경주를 거쳐 칠번 국도를 타고 동해까지 가는 버스 안에서 만난 미모의 유부녀와의 사이에서 있었던 일을 다룬다. '일'이라고는 했지만 따지고 보면 별다른 사건이 있었던 것은 아니다. 그저 두 사람이 버스 옆자리에 나란히 앉아 가면서 대화를 나누는 가운데 미묘한 감정의 흔들림을 경험했다는 정도? 남자의 목적지 동해에서 두 사람은 각자의 행로를 따라 헤어지며, 그것으로 소설은 끝이 난다. 이런 싱거운(?) 이야기가 소설로 설 수 있었던 것은 경주-강릉 간 버스 안이라는 공간을 『삼국유사』의 설화적 세팅과 중첩시킨 작가의 상상력과 그것을 뒷받침한 특유의 미문에 힘입은 바 크다 하겠다.

작가는 우선 서울에서 경주로 밤 기차를 타고 내려가는 행위에 모종의 종교적·신화적 의미를 부여한다. 지리멸렬하고 갑갑한 서울 살이에 찌든 심신을 달래고자 석굴암 본존불을 알현하고 화자가 '생불(生佛)'이라 부르는 동해의 삼촌을 친견하러 나선 길이라는 것이다. 불국토 경주를 거쳐 가는 그의 행로는 그런 의미에서 "아무도 눈치 챌 리 없는 그 첩첩 천리 신라의 길"이라 표현된다. 주인공은 그 신라의 길을 따라 『삼국유사』의 세계로 들어설 참이다.

경주에 도착해 일박한 다음 계획처럼 석굴암 본존불을 알현한 그는 시외버스 터미널에서 강릉행 시외버스에 오른다(그러니까 『삼국유사』의 세계에 탑승한 셈이다). 그리고 그곳에서 그의 '수로부인'을 만난다. 공교롭게도 만원 직행버스에 마지막으로 남은 두 자리에 서른네 살 동갑내기 유부남과 유부녀가 나란히 앉아 가게 된 것이다.

부처님 한 분을 알현하고 다음 부처를 친견하러 가는 처지에 멀쩡한 유부남이 버스 옆자리의 유부녀를 향해 흑심을 품는대서야 두 분 부처님께 면이 서지 않을 노릇일 테다. 그러나 작가는 그럴듯한 알리바이를 마련해 두기를 잊지 않는다. 남자의 아내가 뒤늦게 공부를 하고자 일본에 가 있는 상황으로 설정한 것이다. 게다가 그 아내는 지금 한 달째 연락이 없다! 두 사람 사이에 말문이 트인 뒤 남자가, "저야 뭐 보시다시피 「처용가」를 부르며 신라를 떠돌아다니고 있죠"라고 자기소개를 한 것은 그런 처지에 대한 자조이자 동시에 은밀한 알리바이로 볼 수 있다.

그리고, 처용 운운의 자기소개가 지닌 세 번째 목적이 따로 있다. 버스 안의 좁은 공간을 『삼국유사』의 세계로 마술처럼 바꾸어 놓고자 하는 것이다. 마침 옆자리에는 "드물게 우아하고 아름다운 얼굴"의 소유자인 '수로부인'이 앉아 있지 않겠는가. "「헌화가(獻花歌)」에 나오는 수로부인(水路夫人)도 경주에서 강릉까지 이 바닷길을 따라갔다고 하죠?" 『삼국유사』가 깔아놓은 길을 따라 이야기는 처용에서 수로부인으로 자연스럽게 넘어간다. 이어지는 회심의 일격. "아무튼 이 바닷길을 수로부인과 함께 여행하게 되다니 감개가 무량하군요." 설화 속 수로부인과 버스 옆자리의 동행을 동시에 겨냥한 절묘한 포석이라 하겠다.

옆자리 여자를 수로부인에 견주면서 그가 노린 효과는 무엇이었을까. 자신 역시 설화 속 이야기에서 한 자리를 차지하고자 한 것이 아니겠는가. 그가 노린 설화 속 인물은 누구? 청백리라는 남편 순정공은 당연히 아닐 터이니, 결국 「헌화가」에 등장하는 '제3의 인물' 노옹의 자리를 그는 은연중에 넘보고 있는 게 아니겠는가. "그러니까 소에게 풀을 먹이고 있던 현자란 웬 젊은 스님이었을지도 모른다는 거예요." 노옹에 대한 그의 부연설명은 자신과 노옹을 동일시하는 그의 잠재의식을 노출시킨다.

「헌화가」의 노옹은 수로부인에게 철쭉꽃을 꺾어 바쳤다. 그렇다면 윤대녕 소설의 주인공이 그의 수로부인에게 바칠 철쭉꽃은 무엇일까. 영덕에서 잠시 버스가 멈추었을 때 주스캔을 사 가지고 와서 여자에게 건네긴 했지만 그것을 철쭉꽃이라 할 수는 없으리라. 좀더 시간이 흐르고, 버스가 남자의 목적지인 동해에 이르러 그가 마침내 차에서 내려야 했을 때 그는 말한다. "오는 동안에 임해정이 어디란 걸 알았다면 내려서 철쭉꽃을 꺾어 드렸을 텐데요." 결국은 철쭉꽃을 꺾어 바치지 못했다는 뜻일 텐데, 그는 사실 자신도 모르게 철쭉꽃을 꺾어 바쳤으니, 수로부인과 「헌화가」에 관한 이야기를 여자에게 들려주지 않았겠는가. 그의 이야기를 들으며 버스 옆자리의 유부녀는 잠시나마 자신을 설화 속 수로부인과 동일시해 보았을 테니 그런 상상이야말로 화사한 철쭉 한 다발에 값하는 것 아니겠는가.

「헌화가」에서 수로부인에게 철쭉꽃을 꺾어 바친 노옹은 신분도 밝히지 않은 채 홀연히 퇴장한다. 그러나 윤대녕 소설의 주인공은 설화 속 노옹처럼 쿨하지는 못하다. 버스 안에서 여자에게 건 최면에 그 역시 푹 빠지고 말았으니, 그는 설화와는 다른 결론을 꿈꾸어 본다.

> 적어도 오늘만큼은 그녀가 이미 타인일 수 없다는 집요한 유혹에 나는 시달리기 시작했다. 고단한 날들에도, 아침에 눈을 뜨면 어김없이 세상이 눈에 밟히듯, 어쩌면 오늘 그녀를 거부할 수 없다는 체념 같은 게 강박처럼 내게 달겨들었다. 뭘 어쩌겠다는 생각이 들었던 것도 아니었다. 다만 몇 시간 동안이나 함께 차를 타고 오면서 그녀와 나 사이에 어느덧 매듭 같은 게 생겼다는 걸 깨달았던 것이다.
>
> ─윤대녕, 「신라의 푸른 길」

그것은 어쩌면 여자 쪽도 마찬가지였을지 모르겠다. 애초에 버스 안에 빈자리가 없었기 때문에 나란히 앉게 되었던 두 사람은 중간 기착지에서 사람들이 여럿 내려 빈자리가 많이 생겼음에도 의연히 옆자리를 고수하지 않았겠는가. 게다가 남자가 내려야 할 동해에 버스가 도착한 뒤에는 두 사람 다 화라도 난 것처럼 굳은 얼굴로 꼼짝 않고 앉아 있었으니, "나는 그녀와 내 손이 수갑 같은 것에 한 짝씩 묶여 있다는 생각에 사로잡혀 있었다." 이 순간 두 사람은 일종의 기로에 서 있었다고 말해도 되지 않을지. 바람 속의 장작불처럼 사납게 타오르고 있던 그 순간 남자의 심경은 이렇게 그려진다. 윤대녕 득의의 시적 표현력이 빛나는 부분이다.

> 때로 그게 사랑이라는 것은 아니어도, 어스름한 저녁에 깨어나 지붕에 후득이는 빗소리를 들을 때처럼 마음이 간절하게 사무치는 때가 있다. 벽구석에 몸을 말아붙이고 앉아 손가락 하나로 아무렇게나 건반을 꾹꾹 눌러보고 싶은 순간이 있다.
> ―윤대녕, 「신라의 푸른 길」

그러나, 아무래도 두 분 부처님의 원려 덕분인 듯, 남자는 이내 마음을 고쳐먹는다. 장작불처럼 타오르려는 조급한 마음을 애써 가라앉히고 애초의 서늘한 마음자리로 돌아가기로 한 것이다. 맹렬히 타오르는 것만이 능사는 아니며, 때로는 거리의 아름다움에도 눈을 줄 필요가 있다는 결론에 가까스로 도달한다.

> 그래, 그러나 다시 멋쩍은 타인으로 돌아가 서로 건너편에 서서 바다로 흘러가는 강물에 어른거리는 당신의 더운 그림자를 들여다보고 있는 게 더 좋을 때가 있다. 불러도 서로 들리지 않는 멀찍한 거리에서 우리는 만난다. 가끔은 팽팽해지기도 하고 느슨해지기도 하는 그 거리의 아름다움을 확인하기 위하여. 우리는 모두 타인이며 또한 이렇게 모두가 타인이 아니다. 그래, 나는 자주 부싯돌 같은 마음을 꿈꾼다. 겨우 환

해졌다가는 이내 눈귀를 막고 단단한 어둠으로 스스로 돌아갈 줄 아
는……

―윤대녕, 「신라의 푸른 길」

장작불과 부싯돌 사이에서 망설이다가 그는 부싯돌을 택한 것인데, 『삼국유사』에 빗대 보자면 처용의 처지에서 출발한 그는 자칫 신물(神物)이 될 뻔한 위기를 넘기고 노옹의 자리에 안착한 셈이다. 안착이라고는 했어도 미련이야 왜 없겠는가. "……칠번 국도엔 언제까지 버스가 지나다닐까요?" 『삼국유사』의 공간이었던 버스에서 내리기 전, '노옹'은 망설임 끝에 이렇게 묻지 않겠는가. '수로부인' 역시 의문문으로 답을 대신하는데, 이 경우 문장을 마무리하는 물음표는 궁금증이 아니라 기대를 표현하는 것으로 받아들이는 게 옳아 보인다.

"사람들 기억 속에서 「헌화가」가 완전히 잊혀질 때까지는 아마 운행을 계속하겠죠?"

―윤대녕, 「신라의 푸른 길」

그러니 사람들아, 칠번 국도에 오르거든 「헌화가」의 수로부인과 노옹을 떠올려 보아라. 「신라의 푸른 길」의 두 남녀를 기억해 보아라. 그 길은 그들과 함께 가는 길임을, 그대들이 『삼국유사』와 윤대녕 소설의 세계를 여행하고 있음을 잊지 말아라.

일연, 『삼국유사』, 이가원·허경진 옮김, 한길사, 2006
윤대녕, 「신라의 푸른 길」, 『남쪽 계단을 보라』, 세계사, 2003

17

늙은 심청이 웃은 까닭은?

─── 최인훈은 문학사에 대한 의식이 남달리 예민한 작가다. 그가 고전 문학 작품과 선배 작가들의 소설을 여러 편 자기 식으로 다시 쓴 데에서 그 점을 확인할 수 있다. 박태원의 소설을 패러디한 연작소설집 『소설가 구보씨의 일일』이 대표적이지만, 가령 만년의 대작인 장편 『화두』(1994)에서도 조명희(1894~1938)의 단편 「낙동강」(1927)이 소설을 끌어가는 중요한 모티프가 된다. 그렇다는 것은 최인훈이 자신의 문학이 놓인 문학사적 맥락을 끊임없이 의식하고 있다는 뜻이 된다. 문학 작품이란 평지돌출 식으로 뜬금없이 출현하는 것이 아니라 선대 작품들의 영향과 그늘 아래에서 생장하는 것이라는 사실을 최인훈은 누구보다도 잘 알고 있는 듯하다.

『소설가 구보씨의 일일』과 『화두』 말고도 최인훈은 여러 편의 고전을 패러디했다. 「금오신화」 「열하일기」 「옹고집전」처럼 고전의 제목을 빌려 와 현대의 이야기를 들려주는 경우도 있고, 「춘향뎐」 「놀부뎐」처럼 고전을 지금의 관점에서 다시 쓴 단편들도 있다. 최인훈의 고전 패러디는 소설에 국한되는 것도 아니어서, 낙랑 설화를 재해석한 「둥둥 낙랑둥」, 온달 이야기를 변형한 「어디서 무엇이

되어 다시 만나랴」, 심청 이야기를 다시 쓴「달아 달아 밝은 달아」같은 희곡에서도 그의 패러디 작업은 의욕적으로 이어졌다.

최인훈의 고전 패러디는 패러디 대상이 되는 작품에 드러난 중세적 시각을 근대인의 관점에서 뒤집어본다는 공통적 특성을 지닌다. 이 장에서 집중적으로 다룰「달아 달아 밝은 달아」로 들어가기 전에, 우리 고전의 대표적인 두 작품인『춘향전』과『흥부전』을 다시 쓴「춘향뎐」과「놀부뎐」을 통해 그 점을 살펴보자.

최인훈의「춘향뎐」이 원작과 가장 큰 차이를 보이는 지점은 주인공 춘향을 괴롭히는 '악당' 변학도를 보는 시각이다. 최인훈의 소설에서 변학도는 특별히 사악한 탐관오리가 아니다. "여염집 부녀에게 수청을 강요한 것만 가지고도 폭정이 자명한 것이 아니냐고 하기 쉬우나 그것은 우리 생각이다. 우리처럼 인권이 완전히 보장돼서 관에 의한 사생활의 침해가 완전히 없는 현대 한국 시민의 생활 감정으로 재어볼 때 그렇다는 것이고 권력에 갇힌 어두운 중세의 밤을 살던 옛사람들에게는 그 한 가지만 가지고 지방 관장을 좋다 나쁘다 할 수는 없었다는 이야기다"(이 대목에서, 특히 두 번 반복되는 '완전히'라는 부사에는 작가의 아이러니적 의도가 들어 있는 것 같다). 그가 지은 죄는 "개인 변학도가 감당할 죄가 아니요 구정권의 이데올로기에 돌려져야 할 화살"이다. 그런가 하면 변학도의 탐학을 응징하고자 소성에서 파견된 암행어사는 원작에서와 같은 이몽룡이 아니라 엉뚱한 인물이다. 이몽룡 자신은 아버지가 역적모의를 하였다 하여 멸문지화를 입고 쫓기는 몸에 불과하다. 엎친 데 덮친 격으로 몽룡 대신 암행어사로 내려온 위인이 춘향을 소실로 들이려 하자 두 청춘 남녀에게는 다른 가능성이 남지 않게 된다. 야반도주를 감행한 그들은 깊은 산속에서 세상과 연을 끊고 숨어 사는 삶을 택한다.

판소리 사설조에다 곳곳에 아래아 표기를 곁들여서 고어투를 흉내 낸 「놀부뎐」은 제목에서부터 작가의 의도를 드러낸다. 이 소설의 주인공은 흥부가 아니라 그의 형 놀부인 것이다. 놀부 자신을 화자로 내세운 이 소설은 "세상의벗님네야 이내푸념 들어보오 광대글쟁이 심사를볼작시면 세상일다아드키 못본일본드키 옥황상제 염라대왕 승지노릇지낸 듯이 남의일 제일같이 잘도주워섬기지만 무딘붓 함부로놀려 무고인생해친것이 가히 도척의뺨치겠도"로 시작되는데, 여기에서 흥부는 선하고 욕심 없는 사람이 아니라 게으르고 무능한 인물로 그려진다. 반대로 놀부 자신은 성실과 근면으로 지금의 재산을 일구었으며 그의 처는 "뒷문으로 양식 나르고 치마폭에 의복 나르"며 남몰래 흥부 가족을 도왔다는 것이 그의 주장이다. 이 소설에서 오히려 비난받아 마땅한 것은 흥부가 고집하는 양반의 허위의식이 되는데, 연암 박지원의 한문소설 「양반전」에서 풍자적·반어적으로 지적되었던 양반의 폐해가 여기서는 직설적이고 노골적인 비판의 대상이 된다는 점이 흥미롭다. 『흥부전』에서 흥부의 착한 심성이 하늘의 보답을 받는 일화로 나오는 박씨 사건 역시 '광대 글쟁이'들에 의해 왜곡된 것이, 사실 흥부는 우연히 얻어 걸린 남의 재물을 꿀꺽했다가 큰코를 다치게 되며 그 결과 형인 놀부의 재산까지 빼앗길 위기에 처한다. 이런 저간의 사정을 주워

섬긴 다음 놀부 자신이 내리는 결론은 이러하다.

> 세상사람 들어보소 '흥부면' 자초지종이이러한데 야속할손 세상인심이요 괘씸할손 광대글쟁이솜씨더라. 있는말없는말에 꼬리를달아 원통한귀신을 매섭게몰아치고 웃으며 짓밟더루 세상일에 속에는속이있고 곡절뒤에곡절인데 겉보고속보지않으니제가저를속이며 소경이제닭치고 동리굿에춤을춘두 강남제비박씨받아 흥부이치부했다니 이아니 기막힌가.
>
> ―최인훈, 「놀부면」

『심청전』을 희곡으로 각색한 「달아 달아 밝은 달아」에서도 원작 비틀기는 계속된다. 주인공 청이 남경 상인에게 팔린 뒤 인당수에 빠졌다가 용궁을 거쳐 연꽃 속에서 환생한다는 원작의 해피엔딩을 작가는 미련 없이 포기한다. 아비 심봉사가 시주를 약속한 공양미 삼백 석 때문에 청이가 배꾼들에게 팔려 가는 것까지는 원작과 같지만, 청이는 뱃길의 안전을 위해 인당수에 빠지는 대신 중국 땅까지 끌려가 색주가에서 몸을 파는 신세가 된다(청이와 중국 배꾼들을 연결시켜 준 뺑덕어멈은 물론 심봉사 역시 청이의 그런 앞날을 잘 알고 있다). 희곡에서는 청이가 '근무' 하는 색주가의 이름이 용궁루로 등장하며, 절망한 청이가 숙을 각오로 불에 뛰어늘였다가 살아났다는 사실이 매파의 대사를 통해 확인된다.

> (……) 어때 네가 처음 와서는 염라국에서 온 것처럼 밥도 안 먹고, 잠도 안 자고 했지만, 살아보니 용궁이지? (……) 그때 네가 바다에 달려 나가 물에 뛰어들었을 때 죽었어봐, 물고기 밥이나 됐지, 별수 있어?
> ―최인훈, 「달아 달아 밝은 달아」

　　매파의 언설은 물론 사태를 제 편한 대로 해석하는 견강부회의 혐의에서 자유롭기 어렵겠지만, 청이가 인당수에 뛰어들었다가 용궁을 거쳐 되살아났다는 설화의 현실적 근거를 짐작하게 해 주는 미덕은 지니는 셈이다. 비록 지옥 같은 용궁루에서의 생활이라지만, 거기에서도 청이에게는 한 가닥 구원의 가능성이 열린다. 조선과 중국을 오가며 인삼 무역을 하는 김 서방을 만난 것이다. "고향 바닷가에 시름처럼 핀 해당화꽃 같은 청이"와 혼인할 마음을 먹은 김 서방은 힘겹게 모은 돈으로 마침내 몸값을 치르고 해방시킨 청이를 조선으로 가는 배에 먼저 태워 보낸다.

> 참 잘됐소
> 당신 몸값을 치르고 나니
> 또 한 걱정이
> 당신을 어디다
> 맡겨두고 갈까 걱정이었는데
> 마침 이 배가
> 조선 간다 하니

이 아니 잘되었소

한 발 먼저 가서

그리운 아버님

만나뵈시오

(……)

그리구 이건 (품속에서 꺼내) 나 본 듯이 지니시오

—최인훈,「달아 달아 밝은 달아」

　김 서방이 품에서 꺼내 청이에게 건넨 것은 옛이야기에서 정인들 사이의 징표로 흔히 등장하는 '귀한 물건' 거울이었거니와, 그 거울이 청이와 김 서방을 끝끝내 다시 맺어 주지는 못한다. 청이의 앞에는 또 다른 시련이 기다리고 있었던 것. 청이가 탄 배를 해적이 습격하고, 해적의 소굴로 끌려 간 청이는 그곳에서 해적들의 허드렛일을 거드는 한편 그들 욕정의 해소처로 한 세월을 보내야 한다. 그러다가 전쟁이 벌어지고, 피난민들에 섞여 고향으로 향하던 청이는 보따리마저 도둑맞는 등 곡절을 겪는다.

　희곡의 마지막 대목은 이미 늙은 청이가 아이들과 수작을 주고받는 장면이다. "심청 할머니 애기해줘요" "용궁 다녀온/ 애기해줘요"라고 아이들이 조르자 청은 산호 의자와 침대, 구슬로 만든 발과 금과 은으로 된 문, 돈 많고 힘센 왕사들이 등장하는 용궁 이야기를 들려주지만, 사실 아이들은 청이의 말을 조금도 믿지 않는다. "청청/ 미친 청/ 청청/ 늙은 청"이라 놀리며 달아날 뿐이다. 게다가 늙은 청이는, 아비의 눈을 뜨게 한 보답(?)인지 아니면 그것도 유전인지, 그 자신 눈이 먼 상태다. 이제 홀로 남은 청이 연기하는 진짜 마지막, 고통스러운 장면이다.

  심청
  품속을 더듬는다
  한참 만에
  반동강짜리 거울을 꺼내
  보이지 않는 눈으로
  들여다본다
  심청
  교태를 지으며
  환하게 웃는다
  갈보처럼

―최인훈, 「달아 달아 밝은 달아」

  황석영의 장편소설 『심청』(작가는 신문 연재를 거쳐 2003년에 두 권짜리 책으로 냈던 이 작품을 2007년 『심청, 연꽃의 길』로 제목을 바꾸고 분량도 축약해서 한 권짜리로 다시 내놓았다)은 중국 상인들에게 팔린 심청이 인당수에 빠지지 않고 중국으로 끌려가 매춘에 종사하게 된다는 설정에서 「달아 달아 밝은 달아」에 이어진다. 그러나 최인훈의 희곡에서 심청의 매춘이 용궁루 한 곳에 국한되는 데 반해, 황석영의 소설에서는 가히 '매춘의 오디세이'라 할 법한 공간의 이동이 이루어진다. 제물포를 출발한 청이는 중국 난징과 진장을 거쳐 타이완의 지룽으로, 내처 싱가포르와 지금의 오키나와인 류큐 열도를 거쳐 일본의 나가사키를 끝으로 출발지인 제물포로 돌아오기까지 동아시아의 내해를 순례하듯 일주하는 동선을 보인다. 또한 최인훈의 희곡에서 청이의 수난에서 귀환까지가 다분히 설화적이고 시적인 분위기로 그려지는 반면, 황석영의 소설에서는 청이의 동아시아 매춘 오디세이가 이 지역을 휩쓴 서양발 근대화의 과정을 배경 삼아 그려진다. 청이는 옮겨 다니는 곳마다 아편전쟁과 난징조약, 태평천국의 난, 일본의 오키나와 복속, 요나오시 민란 등 동아시아 근현대사의 격변의 현장을 직간접적으로 목격한다. 또한 기독교와 시계 같은 서양의 습속 및 문물과도 접하게 된다.

최인훈의 희곡에서 청이에게 구원의 손길을 내밀었던 김 서방에 해당하는 인물이 황석영의 소설에도 등장한다. 떠돌이 광대패의 비파 연주자인 동유가 그다('렌화(蓮花)'라는 이름의 기생 신분으로 동유와 만나 사랑에 빠진 청이가 "내 이름은…… 렌화가 아니라, 청이에요"라 말하는 장면은 같은 작가의 단편소설 「삼포 가는 길」에서 술집에서 도망친 여주인공 백화가 길동무였던 청년 영달에게 "내 이름은 백화가 아니에요. 본명은요…… 이점례예요"라 고백했던 장면을 떠오르게 한다). 그러나 "…… 이렇게 한 군데서 살구 싶어요" "나두…… 광대로…… 떠놀아다니며 살고 싶진 않아"라며 필부필부(匹夫匹婦)의 소박한 미래를 꿈꾸었던 이들의 소망은 가까운 사람들의 음모와 배신으로 산산조각 나고, 청이는 다시 매춘의 길에 나서야 하는 처지가 된다.

　이처럼 타의에 의한 시련과 고난에 끊임없이 시달리는 청이지만, 그렇다고 해서 일방적으로 당하기만 하는 피해자로 그려지지는 않는다. 동유와의 단꿈이 악몽으로 뒤바뀐 뒤 나락으로 떨어진 자신의 육체를 짓밟는 사내들을 보며 "내가 저들을 다 삼켜버릴 거야"라 맹세하는 대목, 매춘부로 팔려 가는 길에 사내들이 무섭다고 흐느끼는 어린 동료를 보며 "저것들 모두 여자들 속에서 나온 것들이야. (……) 나는 언제든 녀석들을 후릴 수 있어"라 스스로에게 다짐하는 장면, 동인도회사 직원 제임스를 좇아 싱가포르라는 낯선 땅으로 가기로 결정한 뒤 "까짓 거, 이젠 낯선 곳은 하나두 두렵지 않아"라는 반응을 보이는 모습 등에서 청이의 당차고 적극적인 면모는 충분히 드러난다. 그뿐만이 아니다. 청이는 자신과 비슷한 처지에 있는 여성들을 위로하고 격려하며 생의 양지쪽으로 견인하고자 하는 한편, 제대로 된 보살핌을 받지 못하는 창녀의 아이들과 기아(棄兒)들을 돌보는 사업에도 뛰어든다. 또한 동아시아의 내해를 일주하며 세상의 이모저모를 목격한 청이는 그 경험을 바탕으로 인간과 세상사에 대한 나름의 식견을 갖추게 된다. "사람들의 탐욕 때문에 세상은 유월의 바다처럼 바람 잘 날 없고 변덕이 심하지요"라는 관찰, "세상은 정말 살기 좋게 변해가는 걸까요?"라는, 근대화의 결과에 대한 회의를 담은 질문, 그리고 "과거의 업장에 매일 필요가 없지요. 목숨 가진 모든 것들은 오늘을 살고 있는 거랍니다"라는 통찰은 청이 만만치 않은 지혜의 인간으로 성장했음을 보여준다. 수난이 다만 수난으로 그치지 않고 주인공의 인간적 성숙의 거름이 된다는 점에서 황석영 소설은 최인훈의 희곡에 비해 상대적으로 긍정적인 전망을 향해 열려 있는 셈이다.

청이가 끝끝내 고국으로 돌아오고, 이제 할머니가 된 그네가 웃음을 머금는 장면으로 작품이 마무리된다는 점은 다시 최인훈의 희곡과 황석영의 소설이 공통적이다. 물론 그 웃음의 형태와 색채는 서로 다르겠지만 말이다. 황석영 소설의 마지막 장면이다.

> 심청은 눈을 감고는 한번 빙긋이 웃었다. 오물조물한 입이 조금 움직였을 뿐, 실컷 울고 난 사람의 웃음처럼 그건 아주 희미했다.
>
> —황석영, 『심청』

최인훈의 희곡에 비해 황석영 소설의 결말이 긍정적이라고는 했지만, 그것은 어디까지나 상대적인 의미에서 그렇다는 뜻이다. 고통과 수난의 과정에서 인격적 성숙을 이루고 모종의 깨달음을 얻는다 한들 심청이 겪어야 했던 분노와 치욕의 세월이 온전히 씻기기야 하겠는가. 최인훈의 희곡과 황석영의 소설은 원작 『심청전』이 감추거나 왜곡한 '팔려 간 심청'의 진실을 있음 직한 사실에 부합하게 재구성했다는 미덕을 지니고 있는 셈이다. 그런 점에서 두 작품 말미에서 공통적으로 그려지는 늙은 심청의 웃음은 역시 제념과 회한에서 빚어져 나온, 슬픈 웃음이라 해야 마땅할 것이다.

최인훈, 「달아 달아 밝은 달아」, 『최인훈 전집 10-옛날 옛적에 훠어이 훠이』, 문학과지성사, 2009
황석영, 『심청』, 문학동네, 2003

18
허생의 공과 과를 묻는다

─── 연암 박지원(1737~1805)의 소설 「허생전」은 그의 중국 여행기인 『열하일기』에 「호질」과 함께 실려 있는 작품이다. 연암은 1780년 청나라에 사신으로 가는 삼종형(팔촌형) 박명원의 수행원 자격으로 북경을 거쳐 청 황제의 여름 별장이 있는 열하까지 다녀와서 이 책을 썼다. 「허생전」은 이 가운데 '옥갑야화' 부분에 실려 있는데, 연암 일행이 옥갑의 여관방에서 심심풀이 삼아 돌아가며 역관들의 이야기를 주고받는 대목이다. 남산 아래 묵적골에서 글만 읽던 선비 허생이 아내의 성화에 못 이겨 집을 나가서는, 변 부자한테 빌린 돈으로 과일과 말총을 매점매석해서 큰돈을 벌고, 도둑 수천 명을 교화해서 빈 섬에다 부려놓은 뒤, 어영대장 이완을 상대로 북벌론의 허구성을 역설하다가 문득 종적을 감추어 버렸다는 것이 「허생전」의 대략적인 줄거리다. 특히 이완이 주창하는 북벌론을 논박하는 뒷부분에서 당시 조선 사회의 위선과 병폐에 대한 연암 특유의 신랄한 비판의식을 접할 수 있다.

『열하일기』의 자유분방하고 도발적인 문체는 연암 당대의 젊은이들 사이에 폭발적인 반향을 불러일으켰다. 과거시험에서까지 연암의 문체를 흉내 낸 답안이 나올 지경이 되자 기성 문단은 불안과 불만에 휩싸였고 정조는 문체반정책을 통해 연암의 문체가 순정하지 못하다며 비판했다. 『열하일기』가 조선 왕조가 끝나도록 정식으로 출판되지 못한 것은 이 책이 지닌 불온한 파괴력을 반증하는 셈이다.

그럼에도 고전이란 세대를 이어가며 거듭해서 읽히고 새로운 텍스트를 생산하는 법이다. 「허생전」 역시 꾸준히 읽히며 새로운 작품으로 재탄생하고 있다. 20세기 전반기에 이미 이광수(1892~1950)의 장편 『허생전』(1924)과 채만식의 중편 「허생전」(1946)이 나왔으며, 21세기에 들어서도 젊은 작가 김종광(1971~)이 장편 『율려 낙원국』(2007)으로 허생 이야기를 재해석한 바 있다. 연암의 「허생전」을 다시 쓴 여러 작품 가운데 이 자리에서는 이남희(1958~)의 단편 「허생의 처」(1987)와 최시한(1952~)의 단편 「허생전을 배우는 시간」(1992)을 집중적으로 살펴보고자 한다.

최시한의 「허생전을 배우는 시간」은 연작소설집 『모두 아름다운 아이들』(1996)에 들어 있다. 고등학생 '나(선재)'의 일기 형식으로 되어 있는 이 작품은 연암의 「허생전」을 배우는 국어 수업 시간을 중심으로 이야기가 전개된다. 수업을 진행하는 '왜냐 선생님'은 학생들의 자율성과 창의력, 그리고 비판정신을 중요시하는 인물이다. 학생들에게 끊임없이 '왜냐?'라는 질문을 던지면서 주체적인 사고력을 요구한다고 해서 붙여진 별명이 그의 사람됨을 말해준다. "이건 꼭두각시 놀음을 하는 극장이지 학교가 아니"라고 생각하는 '나'도 왜냐 선생님에 대해서만은 호감을 지니고 있다. 책 읽기와 글쓰기를 좋아해서 문예반에도 들어 있는 '나'에게 왜냐 선생님 역시 관심과 기대를 표한다. 왜냐 선생님의 수업은 「허생전」의 줄거리를 요약해서 발표하기와 허생이 누구인가에 대한 토론으로 이루어진다. 왜냐 선생님은 학생들이 스스로 생각한 것을 발표하고 서로 다른 견해를 놓고 활발히 토론을 벌이도록 한다. 그러면서도 그는 「허생전」이 단순히 옛사람이 쓴 허구적 이야기가 아니라 오늘의 현실에도 유의미한 텍스트가 되도록 신경을 쓴다. 어디까지나 학생들의 자율적인 발표와 토론을 중시하던 그가 허생과 그 지은이 연암에 대해 '평가'한 다음 대목은 그의 세계관을 짐작하게 한다.

"(허생은) 무슨 일을 하든 정신적으로는 한 번도 선비의 자리, 양반 사대부라는 자리를 떠난 적이 없다 그 말입니다. (……) 이 점이 바로 허생의 한계요 「허생전」을 지은 연암 박지원의 한계라고 할 수 있습니다."

―최시한, 「허생전을 배우는 시간」

선비와 양반 사대부라는 기득권을 결코 놓지 않았던 허생과 연암의 한계에 대한 비판은 왜냐 선생님이 '교육 노동자'로서 전교조에 가입해야 했던 이념적 근거를 짐작하게 한다. 「허생전」의 줄거리 요약과 허생의 사람됨에 대한 토론으로 진행된 두 번의 수업에 이어 왜냐 선생님은 「허생전」과 연암 당시의 사회 상황 및 실학

사상의 관계 등에 대한 토론을 세 번째 수업으로 예고했지만, "왜냐 선생님의 「허생전」 셋째 시간은 없다!" 왜냐? 선생님이 전교조 가입 때문에 학교에서 쫓겨났기 때문이다.

이 지점에서 소설은 당시 한국 사회를 뒤흔들었던 전교조 대량해직 사태로 초점을 옮겨 가는 것처럼 보인다. 평소 왜냐 선생님을 못마땅하게 생각했던 동철과 말다툼이지만 생각이 올곧은 윤수 사이에 멱살잡이가 벌어지고, 세 번째 「허생전」 수업이 예정된 월요일 아침에 왜냐 선생님의 출근이 저지되는 사태가 벌어지자 윤수는 홀로 땡볕이 쏟아지는 운동장에 나가 앉아 시위를 벌인다. 그리고 그때까지 사태를 관망만 하던 '나'도 윤수가 있는 운동장으로 달려 나간다…….

최시한의 「허생전을 배우는 시간」을 이른바 '전교조 세대'의 탄생 설화로 읽을 수도 있을 것이다. 한창 감수성이 예민하고 사회의식이 발달해 가던 나이에 존경하는 선생님들이 부당하게 교단에서 쫓겨나는 모습을 보아야 했던 아이들은 그 기억을 오래도록 간직하게 된다. 「허생전을 배우는 시간」에 이어지는 단편 「반성문을 쓰는 시간」에서 당국의 감시를 받는 반체제 인사의 집에서 일종의 '축제'를 벌인 일 때문에 무기정학 처분을 받는 '나', 그리고 이 작품들이 포함된 연작소설집 『모두 아름다운 아이들』의 결말에서 스파르타식 학원을 뛰쳐나가 '두레학교'라는 대안학교를 찾아 떠나는 윤수의 행보는 새로운 세대의 탄생을 강력하게 시사한다. 그들의 앞에 4·19 세대와 5·18 세대가 있었다면 그들의 뒤를 잇는 것이 '촛불 세대'라고 할 수 있지 않을까.

> "홍길동은, 일종의, 투사입니다. 홍길동은 자기 부하들이나 자기가 돕는 이들과 하나가 되어 싸우고, 끝에 가서 승리합니다. 그러나 허생은, 돕기만 할 뿐 어디까지나 선비이고, 그래서 결국 지고⋯⋯ 지고 맙니다."
>
> ─최시한, 「허생전을 배우는 시간」

이것은 앞서 인용한 왜냐 선생님의 「허생전」에 대한 평가 발언을 끌어낸 '나'의 말이다. 허생이 누구에게 졌다는 것인지, 그가 과연 지기는 진 것인지 여부는 논란의 여지가 있겠지만, 「허생전」에 대한 주체적이며 참신한 해석임에는 틀림이 없다. 그러니까, '전교조 세대'다운.

그리고, '나'와 윤수에 비해서는 가려졌지만, 학생들이 허생의 사람됨을 놓고 중구난방 의견을 발표하던 중에 나온 어떤 학생의 이런 평가 역시 주목할 만하다.

> "아내를 전혀 돌보지 않는 걸 보면, 좀 매정한 데가 있습니다."
>
> ─최시한, 「허생전을 배우는 시간」

「허생전」에서 별다른 비중을 차지하지 못하며, 심지어는 고결한 선비 허생으로 하여금 내키지 않는 장사를 하게 만든 '범인'으로까지 지목되는 아내의 처지에 공감한, 그 역시 참신한 독법이라 하겠다. 이 학생의 관점은 『열하일기』에서 「허생전」의 뒷이야기로 배치된 「'허생' 뒤에 붙여 쓰다 2」에 등장하는 윤영이라는 노인의 말과 통한다.

"허생의 아내 말이야. 참 가엾더군. 결국 다시 굶주릴 거야."

—박지원, 「'허생' 뒤에 붙여 쓰다 2」

이남희의 단편 「허생의 처」는 바로 이렇듯 남편 허생이 돌보지 않아서 비참한 처지에 놓인 허생 처의 처지에서 '다시 쓴 「허생전」'이라 할 만하다. 허생 처를 화자 '나'로 삼아 씌어진 이 소설에서 아내의 눈에 비친 허생은 무책임하고 위선적인 인물로 그려진다. 허생의 아내가 배 다른 여동생에게 하는 말을 들어보자.

"느이 형부 할 줄 아는 거라곤 배고픈 거 참고 위세 떠는 거하고 글 읽는 거뿐인데……"

—이남희, 「허생의 처」

집 안에 양식이 떨어지든 말든 아랑곳하지 않고 애오라지 글만 읽으며 생계는 아내의 삯바느질 수입이 아니면 처가의 도움에나 의지하고, 온다 간다 말도 없이 집을 나가서는 5년 동안 소식 한 자 없다가 문득 아무 일도 없었다는 듯 나갔던 꼴 그대로 돌아오는데, 소문을 듣자 하니 그사이에 무슨 수단인가로 억만금을 벌었다고 하는데도 집 안에는 땡전 한 푼 들이지 않는 무정한 남편.

그때 나는 똑똑히 알았다. 남편은 언제까지나 저렇게 책을 끼고 신선 놀음을 할 터이고, 나는 언제까지나 굶주려야 할 것이라는 걸. 자식마저 없으니 난 죽어서도 제삿밥도 한 그릇 얻어먹지 못하고 굶주릴 것이다.

—이남희, 「허생의 처」

남편 허생이 책 속에서 거창한 이치와 도리를 탐구하는 데 비해, 허생의 처에게는 가시버시가 짝을 이루어 자식 낳고 그 뒷바라지를 해서는 말년(과 사후)에 효도와 공경을 받는 평범한 삶이 소중하다. 허생이 책과 이념의 인간이라면 허생의 처는 육체와 일상의 인간이다. 허생 처의 생각에는 책을 읽는 일 역시 "사람이 살고 자식을 낳고 그 자식을 보다 좋은 세상에서 살게 하려는 때문"이지 달리 이유가 있을 까닭이 없다. 그것을 세속이라 해도 좋고 속물이라 해도 좋지만, 그것이 그를 향해 손가락질을 하거나 돌팔매질을 할 근거가 될 수는 없는 노릇이다.

가정을 돌보지 않고 후세의 생산에도 관심이 없어 보이는 허생에게 그 처가 '차라리 팔자를 고치겠노라'고 하자 허생은 인륜과 예의와 염치를 들먹이며 꾸짖는다. 마침내 허생의 처가 폭발한다.

"인륜? 예의? 염치? 그게 무엇이지요? 하루 종일 무릎이 시리도록 웅크리고 앉아 삯바느질을 하는 게 인륜입니까? 남편이 무슨 짓을 하든 서속이라도 꾸어다가 조석을 봉양하고, 그것도 부족해서 술친구 대접까지 해야 그게 예의라는 말입니까? 하루에 열두 번도 더 청소하고 빨래하고 설거지하는 게 염치를 아는 겁니까? 아무리 굶주려도 끽소리도 못하고 눈이 짓무르도록 바느질을 하고 그러다 아무 쓸모없는 노파가 되어 죽는 게 바로 인륜이라는 거지요? 나는 그런 터무니없는 짓 않겠습니다."

―이남희, 「허생의 처」

허생에 대한 허생 처의 분노는 「허생전」의 지은이 연암을 향한 후배 여성 작가 이남희의 비판을 대리하는 셈이다. 소설 「허생의 처」는 허생 처의 분노의 대폭발로 마감되거니와, 허생 처의 입을 빌린 연암에 대한 비판은 다음 구절에서 확인할 수 있다.

"전 뭔가요? 앞으로도 뒤로도 어둠뿐이에요. 그런데도 당신은 여전히 유유자적 더러운 세상을 경멸하며 가슴에 품은 경륜을 뽐낼 뿐이지요. 당신은 친구들과 담화할 때 학문이란 쓰임이 있어야 하고 실이 없으면 안 되고, 만물은 서로 이롭도록 운용되어야 한다고 하셨지요. 그런데 당신은 세상에 있는 소이(所以)가 없고 당신을 따르는 한 나 역시 그러해요."

―이남희, 「허생의 처」

허생으로 대리되는 연암에 대한 이남희의 비판을 최시한의 비판과 비교해 보는 일은 흥미로워 보인다. 최시한의 경우도 그렇지만, 허생과 연암에 대한 이남희의 비판 역시 반드시 온당하다고 하기는 어려울지도 모르겠다. 허생 처의 일장 연설에서 짐작되듯이 「허생의 처」는 페미니즘의 강력한 영향 아래 쓰여진 작품이다. 페미니즘이 절대 진리도 아니고 그렇다고 해서 허무맹랑한 요설인 것은 더더욱 아니다. 어쨌든 「허생의 처」가 「허생전」에 대한 하나의 새로운 해석을 문학사에 보탠 것만은 부인할 수 없는 사실이다. 고전이란 이렇듯 자신을 희생(?)해서 문학사의 살을 찌우고 뼈를 단단하게 하는 구실 역시 맡는 법이다.

박지원, 「허생전」, 『열하일기』, 허경진 편역, 현암사, 2009
최시한, 「허생전을 배우는 시간」, 『모두 아름다운 아이들』, 문학과지성사, 2008
이남희, 「허생의 처」, 『수퍼마켓에서 길을 잃다』, R&D BOOK, 2002

19
압구정동에서 속초까지

'오징어'의 길

눈앞의 저 빛!

찬란한 저 빛!

그러나

저건 죽음이다

의심하라

모오든 광명을!

— 유하, 「오징어」 전문

    이신조(1974~)가 1998년 『현대문학』 신인공모 당선작인 단편소설 「오징어」를 쓰면서 유하(1963~)의 시 「오징어」를 염두에 두었는지 여부는 확인하지 못했다. 그러나 문예창작과 출신 작가 지망생으로서 그가 유하의 시집 『바람부는 날이면 압구정동에 가야 한다』(1991)를 읽었을 개연성은 충분하다. 지금은 영화감독으로 더 잘 알려져 있지만, 유하는 기형도(1960~1989)의 요절 이후 한국 시단의 기대를 한몸에 받던 '스타'였고 『바람부는 날이면 압구정동에 가야 한다』는 그의 대표 시집으로 꼽힌다. 「오징어」는 이 시집 맨 앞에 '서시'처럼 놓인 작품이다.

빛을 보고 몰려드는 오징어의 생리에 빗대어, '압구정동'으로 상징되는 화려하고 유혹적인 소비문화에 대한 경고를 발한 작품이 「오징어」다. 유하는 오징어라는 상징이 썩 마음에 들었던 듯, 「바람부는 날이면 압구정동에 가야 한다」 연작의 네 번째 편에서 다시 오징어를 등장시킨다. 여기서 오징어가 거느리고 있는 의미망은 「오징어」에서와 동일하다.

소망교회 앞, 주 찬양하는 뽀얀 아이들의 행렬, 촛불을
들고 억센 바람 속을 걸어간다 태초에
불이 있나니라, 이후의—

칠흑의 두메 산골을 걸어가다 발견한,
그 희미한 흔들림만으로도
반갑던 먼 곳의 등잔불이여

불빛을 발견한 오징어의 눈깔처럼
눈에 거품을 물고 돌진 돌진

불 같은 소망이 이 백야성을

만들었구나, 부릅뜬 눈의 식욕, 보기만 해도 눈에

군침이 괴는, 저 불의 부패 色의 盛饌을 보라

그저 불밝히기 위해 심지 돋우던 시절은 지났다

(……)

불의 소망 근처에서

불의 구린내를 빠는 똥파리의

윙윙 날개 바람

바람 속으로 빽이 든든한

촛불들이 기쁘다 구주 기쁘다

걸어간다, 보무도 당당히, 오징어의 시커먼 눈들이

신바람으로 몰려가는, 불의 부패 파티장 쪽으로

— 유하, 「바람부는 날이면 압구정동에 가야 한다 4: 불의 부패」 부분

유하의 시집에는 「바람부는 날이면 압구정동에 가야 한다」 연작 열 편을 포함해 '도시시'로 분류할 만한 작품들과 '하나대'라는 지명으로 상징되는 전통 농촌 문화의 몰락을 그린 작품들이 절반 정도씩 들어 있다. 작고한 평론가 김현이 유하에게 '키치 중독자이며 키치 반성자'라는 유명한 타이틀을 붙여 준 바 있거니와, 그의 압구정 시편을 비롯한 도시시들은 화려하고 감각적인 도시의 삶에 대한 매혹과 반성을 아울러 보여준다. 김현이 유하를 '키치 중독자

이며 키치 반성자'라 이른 것은 그의 첫 시집 『무림일기』(1989)에 관한 해설성 평론에서였는데, 이 책에 비해 그의 두 번째 시집인 『바람부는 날이면 압구정동에 가야 한다』는 중독과 매혹보다는 반성과 비판 쪽으로 좀더 쏠려 있는 모습을 보인다. 가령 다음과 같은 대목들을 보라.

압구정동 현대아파트는 욕망의 평등 사회이다 패션의 사회주의 낙원이다
(······)
걸어가면 만날 수 있다 오, 욕망과 유혹의 삼투압이여
자, 오관으로 느껴보라, 안락하게 푹 절여진 만화방창 각종 쾌락의 묘지, 체제의 꽁치 통조림 공장, 그 거대한 피스톤이, 톱니바퀴가 검은 기름의 몸체를 번득이며 손짓하는 현장을
왕성하게 숨막히게 숨가쁘게
그러나 갈수록 쎅시하게
— 유하, 「바람부는 날이면 압구정동에 가야 한다 2 – 욕망의 통조림 또는 묘지」 부분

바람부는 날이면, 압구정동에 가야 한다 사과맛 버찌맛
온갖 야리꾸리한 맛, 무쓰 스프레이 웰라폼 향기 흩날리는 거리
웬디스의 소녀들, 부띠끄의 여인들, 까페 상류사회의 문을 나서는
구찌 핸드백을 든 다찌늘 오예, 바람불변 선넌석으로 드러나는
저 흐벅진 허벅지들이여 시들지 않는 번뇌의 꽃들이여
— 유하, 「바람부는 날이면 압구정동에 가야 한다 6」 부분

이신조의 단편「오징어」의 주인공이 '구찌 핸드백'을 들고 압구정동을 활보하는 것은 아니다. 주인공 겸 화자인 스물두 살 젊은 여성 '나'는 서울 구시가지의 오래된 놀이공원에서 캉캉춤을 추는 일을 할 뿐이다. 그러나 그것만으로도 그에게는 '압구정동'이 부럽지 않다. 동해안 속초 출신인 이 여성은 고등학교를 졸업하고 관광객들을 상대로 연탄불에 오징어를 구워 팔다가 무작정 서울로 올라온 뒤 우여곡절 끝에 지금의 일자리를 얻었던 것. 그런 그가 지금은 고속버스에 몸을 싣고 고향 속초로 향하면서 자신의 지난 삶을 반추하고 있다. 그리고 그 핵심에 "스물두 살의 나, 서른두 살의 그"가 연루된 '아름다운 통속'이 있다.

놀이공원과 계약을 맺은 이벤트 회사의 야외공연부 팀장인 '그'는 놀이공원의 임시계약직 직원으로 허드렛일을 하던 '나'를 공연팀에 스카우트한 당사자다. "겹겹 주름이 물결처럼 펼쳐진 집시풍의 붉은 원피스"와 "화려한 레이스의 속바지며 머리에 꽂는 크고 붉은 천 장미", 그리고 "진한 화장"에다 "가로줄무늬 스타킹과 검정 에나멜 구두"는 '나'로 하여금 "문득 다른 여자가 된 듯한 기분에 사로잡히"게 했다. 이 여자를 마른오징어와 고향 속초로 대표되는 남루한 현실에서 벗어나게 해주는 환상이 그것만은 아니어서, 유부남인 '그'와의 짜릿한 연애야말로 여자에게 다른 세상과 다른 삶이 가능하다는 증거로 보였다.

숱이 많고 억세고 구불거리는 그의 음모. 어느 순간 나만을 향해 웃어 보이는 하얀 지우갯밥 같은 웃음. 한 번도 가져본 적 없는 종류의 유쾌함과 흥미진진함에, 그것에 애가 타는 나는 나를 멈출 수 없었다.

— 이신조, 「오징어」

비가 오는 저녁, 좁은 우산 속 같은 그곳(여관방)에서 나는 더없이 유쾌하고 흥미진진했다. 비 오는 날의 놀이는 놀이공원에 있지 않았다.(괄호 안은 필자)

— 이신조, 「오징어」

굳이 압구정동에 가지 않더라도 놀이공원의 무대와 비 오는 저녁의 여관방이 여자에게는 곧 압구정동이었다. 춤과 연애라는 두 가지 환상은 오징어를 유혹하는 휘황한 빛처럼 이 어린 여자를 사로잡아 버렸다.

그러나 환상은 어디까지나 환상일 뿐, 현실을 대체할 수는 없는 노릇이다. 어느 날 임신한 '그'의 아내가 나타나 '나'에게 물벼락을 안기면서 여자는 비로소 환상에서 깨어난다. "알아? 네가 잘못한 거야! 어린 년이"라는 아내의 힐난은 그 여자로 하여금 애써 외면하고 싶었던 남루한 현실에 눈을 돌리게 한다. 그래서 지금 여자는 마른오징어와 남루한 청춘이 있는 고향 속초로 되돌아가는 것이나. "오싱어는 참을 수가 없어요. 마른오징이를 보면 죽어버리고 싶어요"라는 필사적인 심정으로 떠나 왔던 그 속초로 말이다.

이부자리를 펼치는 엄마의 속바지는 지독하게 낡아 있다. 저 숨길 수 없는 삶의 보푸라기들. 분장실 사물함에는 화려한 레이스가 달린 속바지가 들어 있다.

— 이신조, 「오징어」

고향 집에 돌아와 목격하는 엄마의 낡은 속바지, 그리고 놀이공원 분장실에 두고 온 공연용 속바지는 여자의 선택을 기다리는 현실과 환상을 각각 대리하는 듯하다. 여자는 과연 어느 쪽의 손을 들어 줄 것인가.

유하의 시 「오징어」에서였다면 선택은 단순했을 수 있으리라. 휘황찬란한 빛이 사실은 죽음의 함정이라는 사실을 간파하고 그 빛으로부터 등을 돌리는 것이다. 여자가 도시의 '거짓된' 환상을 박차고 남루하더라도 진실된 생활을 택했으리라는 말이다. 그러나 이신조 소설 「오징어」에서 사정은 그리 간단하지가 않다. 오징어잡이배의 불을 바라고 헤엄치는 오징어 떼를 묘사한 다음 대목을 보라.

저 깊은 바다 속 대낮처럼 불을 밝힌 오징어배를 향해 오징어떼들이 유유히 헤엄쳐가고 있다. 어쩌면 오징어는 자신이 속고 있음을 알고 있을지도 모를 일이다. 자신을 유혹하는 그 눈부신 빛의 섬찟한 정체를 알면서도 애써 속고 있을지도 모를 일이다.

— 이신조, 「오징어」

자신이 속고 있음을 알면서도 짐짓 속아 주는 오징어. 여기서 유념해야 할 것이 "짭짤하고 고소한 죽음의 맛"을 풍기는 불투명한 마른오징어와 "내장과 먹물주머니가 전부 들여다 보이는" 투명한 산 오징어 사이의 구분이다. 그동안 주인공 여자가 알았던 오징어는 마른오징어일 뿐이었다. 그래서 죽이고 싶도록까지 오징어를 혐오했던 것. 그러나 어쩌면 스스로가 마른오징어 신세가 되어 고향에 돌아온 여자는 이제 '다른' 오징어, 그러니까 투명하고 싱싱하게 살아 있는 오징어의 존재에 눈을 뜨게 된다. 소설 말미에서 급기야 그는 스스로를 산 오징어와 동일시하기에 이른다. "오징어배의 강렬한 집어등이 놀이공원 야외무대의 스포트라이트 같"은 밤의 모래사장에서 캉캉춤을 추는 장면은 상징적이다. 아마도 그는 오징어를 유혹하는 빛의 손길을 운명의 초대쯤으로 간주하게 된 모양이다. 그 결과 '죽음의 빛'을 좇아 헤엄치는 오징어의 유영은 나비의 자유로운 날갯짓으로까지 격상된다. 마침내 그는 '운명이여, 오라' 식의 의연한 태도로 상황에 맞서고자 한다.

> 투명한 오징어는 뜻밖에도 의연하다. 자신을 유혹하는 그 눈부신 빛의 섬찟한 정체를 알면서도, 희고 적나라한 죽음, 딱딱하고 무심한 검은 죽음을 알면서도. 오징어는 짙푸른 바다 끝으로 가고 싶었던 모양이다. 오징어, 바다의 나비. 가볍게 날아오르는 투명한 바다의 나비.
>
> ─ 이신조, 「오징어」

유하의 오징어가 다만 수동적인 희생자일 뿐인 데 비해 이신조의 오징어는 조금 성격이 다르다. 비록 파국이 예정되어 있다 해도 끝까지 가 보고자 한다는 점에서 그 오징어는 비극의 주인공에 육박하는 면모를 보인다.

유하, 「오징어」, 『바람부는 날이면 압구정동에 가야 한다』, 문학과지성사, 1991
이신조, 「오징어」, 『나의 검정 그물 스타킹』, 문학동네, 2001

20
그대, 꽃다발을 받으시려는가

내 어느해던가 적적하여 못견디어서

나그네 되여 호을로 산골을 헤매다가

스스로워 꺾어모은 한옹큼의 꽃다발―

그 꽃다발을 나는

어느 이름 모를 길 가의 아이에게 주었느니.

그 이름 모를 길 가의 아이는

지금쯤은 얼마나 커서

제 적적해 따모은 꽃다발을

또 어떤 아이에게 전해 주고 있는가?

— 서정주, 「나그네의 꽃다발」

 미당 서정주의 시 「나그네의 꽃다발」(1965)의 첫 두 연이다. 미당의 시 중에서 그다지 탁발한 작품이라 하기는 어려울지도 모르겠다. 심오한 사상이나 절절한 감정을 담은 것도 아니고 미당 특유의

능란한 언어 구사가 돋보이지도 않는다. 그저 누구나 품어 봄 직한 호젓하고 소박한 상상력을 담담하게 노래하고 있을 뿐이다. 화자가 심심풀이 삼아 꺾어 모은 꽃다발을 이름 모를 아이에게 전해 주었고, 다시 그 아이가 장성해서 역시 꽃다발을 꺾어서는 또 다른 아이에게 전해 줄 것이며, 그런 행위가 거듭되다 보면 "그리하여/ 천년이나 천오백년이 지낸 어느 날에도/ 비 오다가 개이는 산 변두리나/ 막막한 벌판의 해 어스름을/ 새 나그네의 손에는 여전히 꽃다발이 쥐이고/ 그걸 받을 아이는 오고 있을것인가?"(「나그네의 꽃다발」 마지막 연)라는 기대가 이 시의 결론이다.

　수십 수백 년의 세월을 두고 낯선 손에서 손으로 꽃다발이 전해지리라는 것은 엄밀한 역사적 경험이나 과학적 근거와는 무관한, 다만 낭만적이고 무책임한 상상에 지나지 않을 수도 있다. 그렇지만 이런 유의 상상은 막연하고 아득한 만큼 원초적 감성을 자극하는 동시에 보편적 상징을 향해 자신을 열어 놓는 느낌이다. 마치 편운 조병화(1921~2003)의 「의자」 연작 중 잘 알려진 일곱 번째 작품처럼 말이다.

　　먼 옛날 어느 분이
　　내게 물려주듯이

　　지금 어드메쯤
　　아침을 몰고 오는 분이 계시옵니다

> 그분을 위하여
>
> 묵은 의자를 비워 드리겠습니다
>
> — 조병화, 「의자」

    구효서(1957~)가 「나그네의 꽃다발」이라는 제목의 단편소설을 쓴 것도 미당의 시가 지니는 원초적이고도 보편적인 차원에 공감했기 때문일 것이다. 구효서의 소설에서 화자 '나'는 오랜만에 찾은 고향에서 황 구장네 둘째아들의 무덤을 발견하고 회상에 잠긴다. 무덤의 주인 '명식'은 '나'가 초등학생이던 24년 전 교장 사택의 사이프러스나무에 나일론 끈으로 목을 매달아서 죽은 인물. 서울에서 대학을 다니고 군대를 다녀오느라 오랫동안 고향을 떠나 있었던데다 시골 아이의 눈에 "아무리 보아도 비현실적으로밖에 느껴지지 않던 희디흰 셔츠"를 입고 "갈꽃 핀 산허리를 하릴없이 헤매이던 모양" 때문에 '나그네'로 기억되어 있다. 화자의 회상 속에서 명식은 자살하기 몇 시간 전 아직 어린 나 '정환'에게 자신이 군대 시절에 목격한 어느 사내에 관한 이야기를 들려준다. 병사들을 가상 적지에 떨궈놓고 알아서 탈출하도록 하는 훈련 기간 중 산속 버려진 움막에서 만난 사십대 사내는 "어려운 사랑"에 빠지는 바람에 죽을 생각으로 약을 먹었지만 죽지는 못하고 식도만 눌어붙는 바람에 고무 호스를 통해 음식물을 섭취하고 있는 중이었다. 명식은 그 사내가 헤어질 때 움막 주변에 피어 있던 꽃들을 한 무더기 꺾어 자기에게 주었으며, 1년 뒤 제대하고서 찾아가 보았을 때는 이미 죽은 뒤더라는 이야기까지 마저 들려주며 '나'에게 자신이 꺾어 만든 꽃다발을 쥐여준다. 이런 말을 곁들이면서.

"(……) 정환아! 어려운 사랑이 왜 어렵냐면 말이지. 결국 이렇게 되니까야. 그런 사랑이란, 사랑이냐 아니면 세상이냐를 선택해야만 하는 막다른 곳으로 사람을 마구 몰아넣거든. (……)"

— 구효서, 「나그네의 꽃다발」

초등학생 정환에게 어려운 사랑에 관한 어려운 이야기를 들려준 명식은 그날 저녁 자살을 감행했고, 동네 사람들 사이에서는 그 죽음이 정환이 다니던 초등학교에 새로 부임한 유부녀 교사와 관련되었다는 소문이 돈다.

명식이 아직 어린 정환을 상대로 사랑과 죽음에 관한 심각한 이야기를 토로한 것은 자신으로 하여금 죽음을 택할 수밖에 없게 만든 속내를 누군가에게는 털어놓고 싶다는 심사 때문이었을 것이다. 명식이 고해성사를 하듯 이런 이야기를 털어놓기 전에 그는 정환에게 자신이 꺾은 꽃다발을 건네주었던 것인데, 정환이 회고하기에 "받아든 꽃다발이 내 조막손엔 버거웠다."

명식의 꽃다발을 받는 순간 어린 정환이 그 의미를 충분히 알았나고 하기는 어려우리라. 그러나 그 꽃다발인즉 일종의 '운명에의 초대'가 아니었겠는가. 무슨 말이냐고? 자, 여기 두 개의 꽃다발이 있다. 군대 시절 명식이 움막의 사내한테서 받았던 꽃다발, 그리고 명식이 어린 정환에게 건넨 꽃다발이 그것이다. 명식에게 꽃다발을 건넨 사내는 일찍이 죽었고, 명식 역시 꽃다발을 건넨 그날 저녁 자살을 택했다. 공교롭게도 두 사람을 죽음에 이르게 한 것은 똑같이 '어려운 사랑'이었다. 그렇다면 죽은 두 사람이 주고받았으며 그중 한 사람이 정환에게 건넨 꽃다발의 의미란 분명해지는 것 아니겠는가. 종내는 죽음으로 귀결될 수밖에 없는 '어려운 사랑'이라는 운명에로의 초대 말이다. 움막의 사내가 명식에게 꽃다발을 건넨 행위란 자신이 감당해야 했던 '어려운 사랑'의 운명을 나눠 준 것이며, 그 운명을 받아 들였던 명식이 이번에는 어린 정환에게 꽃다발을 줌으로써 자신들의 운명과 죽음을 나누어 주었던 것.

꽃다발의 형태를 한 운명을 선사하고 선사 받기 위해서는 그것을 건네는 쪽뿐만 아니라 받는 쪽의 처지와 자세 역시 중요하다. 꽃다발을 내밀고 받아 드는 심상한 행위가 감히 운명의 이름을 감당하는 무거운 의식이 되기 위해서는 상황과 조건이 두루 충족되어야 한다는 말이다. 그렇다면 명식한테서 꽃다발을 건네받은 '나' 정환의 처지는 어떠했던가.

그때 그(명식)는 자신의 운명을 예감하는 순간 이미 어린 내 앞날을 내다본 것이었을까. 흐음, 하고 나는 신음하듯 한숨을 내쉬었다. 나는, 그래, 건실한 가장이었지. 누구보다 나 자신이 작금의 이런 상태를 전혀 예상하지 못했었지 않은가. 이 땅에 문득 태어나, 때늦게 누군가를 지독히도 사랑하다, 못 견디어 내내 죽음만을 생각하는 모진 덫에 빠져

들다니. (괄호 안은 필자)

— 구효서, 「나그네의 꽃다발」

소설 속에서 정황이 세세하게 드러나지는 않지만, '나'는 지금 누군가를 지독히도 사랑한 끝에 죽음만을 생각하는 처지에 놓여 있다. 소설 앞부분에서 오랜만에 만난 고향 친구들이 마누라에 관한 실없는 농담을 주고받을 때에도 "나는 웃을 수 없었다"는 구절까지 참조해서 이해해 본다면, 유부남인 그는 때늦은 사랑 때문에 지금 고통스러워하고 있는 것이다. 그가 앞의 두 '선배'들의 전례를 좇아 결국 죽음을 택하게 될지 여부는 분명하지 않다. 한 가지 확실한 것은 명식한테서 꽃다발을 건네받은 그가 또 다른 누군가에게 역시 꽃다발을 건네준다는 사실이다.

명식의 무덤을 찾아 지난 일을 회상하면서 자신의 지금 처지를 곱씹어 보던 그는 무덤 주변 산자락을 헤젓고 다니며 왕바랭이니 금강아지풀이니 억새꽃 등속을 한 움큼 꺾어 든다. 스스로는 기억도 하지 못하는 행위였는데, 자신의 손에 꽃다발이 들려 있다는 사실을 깨달은 그는 명식의 무덤 앞에 피어 있던 각시취 몇 송이를 마저 꺾어 보태서는 그 꽃다발을 어느 화강암 바위 위에 올려놓는다. 그리고 잠시 후, 주변을 지나던 중학생 또래의 소년들 중 하나가 '나'가 놓은 꽃다발을 집어 들고 휙쩍 웃는다…….

'나'와 소년 사이의 꽃다발의 건넴이 의식적인 행위가 아니라는 사실은 여기서 중요하지 않다. 운명이란 의식(意識)과 의식(儀式) 너머에서 작동하는 그 무엇이 아니겠는가. 자신이 만든 꽃다발을 집어 드는 소년의 모습을 보면서 '나'가 생각하듯이 "명식이 청년이 보았다던 그 고무 호스의 사내도 유년의 한때에 저렇게 무심히 어느 바위 위에 놓여 있던 꽃다발을 집어들었던 것은 아닐까." 사내가 집어 들었던 그 꽃다발이 명식과 '나'를 거쳐 다시 이름 모를 중학생 소년에게로 건네졌고, 그것은 사내 이전이나 지금 '나'의 눈앞에 있는 소년 이후에나 계속해서 이어져 왔고 또 이어져 갈 과정의 일부일 뿐이라는 것이 '나'의 생각이다. 사정이 이러할 때 꽃다발이란 과연 무엇이겠는가.

> 사랑과 죽음을 예감하는 순간에 꽃다발이 있었다. 그것은 꺾은 것이 아니고, 저 먼먼 태초의 심연으로부터 나그네에서 나그네로 전달되어 온 전령이 아니었을까. 세월이 지나도 본래의 의미라곤 풀끝만큼도 퇴색하지 않은 채, 오히려 더욱 절실하고 선연해지기만 할 뿐인 그것. 땅 위에 왔다가 그렇게 훌쩍 가 버리는 비운의 나그네들에 의해 목숨과 맞바꾸어지는 것.
>
> ─ 구효서, 「나그네의 꽃다발」

구효서 소설에서 꽃다발은 '사랑과 죽음이라는 운명의 전령'임이 여기서 분명해진다. 그렇다면 "꽃이란 질 때 지더라도 쉬지 않고 또 피는 것이며, 죽을 때 죽더라도 다른 산 어느 구렁에선가는 똑같은 꽃들이 또 무심하게 쑥쑥 자라 마침내 흐드러지고 마는 것"

이라는 구절이 정말로 뜻하는 것은 무엇일까. 우리 가운데 누군가는 마침내 '어려운 사랑'에 빠져들고 그 사랑의 대가로 목숨을 바친다는 것. 그러니, 도킨스의 표현을 빌려 오자면, 사람이란 다만 사랑이라는 '유전자'를 나르는 기계에 불과하다는 것. 차라리, 인간은 유한하되 사랑만은 불멸이라는 뜻이 아닐까. "모든 사랑하는 사람은 나그네다. 그들은 왔다 가는 것이다." 그리고 나그네/사람이 왔다 간 자리에 사랑만은 주인으로서 유구하다.

미당의 「나그네의 꽃다발」은 편운의 「의자」와 비슷하게 인간의 경험과 문화의 대를 이은 전승을 노래했다. 그 제목을 따 온 소설에서 구효서는 사람들이 꽃다발을 매개로 주고받는 것을 '사랑과 죽음의 운명'이라는 범주로 구체화했다. 아무려나 선배 시인의 시 「나그네의 꽃다발」은 후배 작가의 소설 「나그네의 꽃다발」로 재탄생했다. 그렇다면 구효서 소설 속의 인물들에 대해서처럼, 문학에 대해서도 같은 말을 할 수 있지 않을까. 문학 역시 누군가한테서 꽃다발을 전해 받고 또 다른 누군가에게 전해 주는 일이라고 말이다. 그 일들이 모이고 쌓여 문학사가 이루어진다. 이 책 『거울 나라의 작가들』이 착목한 지점이 그 어름이었다.

서정주, 「나그네의 꽃다발」, 『미당시선집 1』, 민음사, 1994
구효서, 「나그네의 꽃다발」, 『도라지꽃 누님』, 세계사, 1999

나오는 말

한창훈의 단편 「1996 겨울」을 읽다 보면 김승옥의 「서울 1964년 겨울」이 떠오른다. 이문열의 「우리들의 일그러진 영웅」은 황석영의 「아우를 위하여」의 이야기 틀을 그대로 가져온 것처럼 읽힌다. 송경아의 「치숙」이 채만식의 동명 단편을 현대적으로 다시 쓴 반면, 정이현의 「신김연실전」은 김동인의 「김연실전」을 신랄하게 비꼬았다. 임철우의 단편 「사평역」이 곽재구의 시 「사평역에서」에 대한 우정의 변주라면, 구효서의 단편 「나그네의 꽃다발」은 서정주의 동명의 시에 대한 오마주라 할 법하다. 윤대녕의 단편 「신라의 푸른 길」에 신라 노래 「헌화가」가 주제곡으로 흐르는 것처럼, 이신조의 단편 「오징어」는 제목이 같은 유하의 시를 모티프 삼아 쓰여진 듯하다. 신경숙의 단편 「지금 우리 곁에 누가 있는 걸까요」와 남진우의 시 「겨울 저녁의 방문객」은 부부 사이인 두 사람이 함께 겪은 신비한 체험을 각자의 장르로 소화한 것으로 보인다…….

책과 문학의 세계에 입문한 뒤부터의 알량한 독서 이력을 통해 나는 상당히 많은 문학 작품들이 다른 작품의 그림자를 거느리고 있다는 사실을 알게 되었다. 그것은 내게 놀랍고도 흥미로운 발견이었다. 작가들은 흔히 '1인 공화국'으로 불리거니와, 그들이 창작한 문학 작품 역시 독자적인 의미와 가치를 지닌 독립적 실체라 보아야 옳을 것이다. 그럼에도 불구하고 작품들은 또한 순전히 독립적이기만 한 존재는 아니어서, 다른 작품들과 다채로운 방식으로 연결되어 있다. 마치 우리네 삶이 그러하듯 말이다.

이 책은 그런 흥미로운 발견에서부터 시작되었다. 작품들은 어떤 식으로 서로 연결되어 있는지, 그렇게 연결된 결과는 작품에 어떻게 반영되었는지, 그런 연결 또는 대화는 작품의 의미를 어떻게 그리고 얼마나 풍요롭게 했는지 등등에 대한 궁금증이 이 책에 실린 글들을 낳았다. 그 결과 적어도 나 자신에게는 해당 작품들을 보는 시야가 조금은 넓고 깊어졌다고 생각한다. 작품의 감추어졌던 의미가 새삼스럽게 드러나는 경험을 하기도 했다. 독자들에게도 그러했으면 싶다.

이 책이 택한 방법은 문학 작품에 접근하는 하나의 방식일 뿐이다. 이 방식만이 홀로 그리고 절대적으로 옳다고 고집할 생각은 물론 없다. 나로서는 나만 '이런 식의 접근법도 있다'는 것을 보여주고 싶었을 따름이다. 기왕 작업에 나선 김에 좀 더 많은 사례를 수집하고 좀 더 깊이 있는 분석을 했더라면 더 좋았겠지만, 능력과 시간의 부족 때문에 여의치 못했다. 아쉬움은 다음 기회에 보완하기로 하고 우선 책을 내놓는다. 독자들의 많은 질정을 바란다.

웹진 〈나비〉에 2009년 7월부터 2010년 3월까지 격주로 연재되었던 글들이 이 책의 바탕을 이루었다. 연재 당시 실무를 맡아 고생한 김형균 씨, 그리고 격려와 질책의 댓글을 올려 준 독자들께 고맙다는 인사를 전한다. 엉성한 원고를 이렇게 깔끔한 책으로 탈바꿈시킨 한겨레출판의 이길호·박상준 님께도 감사 드린다.

거울 나라의 작가들

초판 1쇄 인쇄 2010년 12월 7일
초판 1쇄 발행 2010년 12월 13일

지은이 | 최재봉
펴낸이 | 이기섭
편집주간 | 김수영
기획편집 | 박상준, 김윤정, 임윤희, 정회엽, 이길호
마케팅 | 조재성, 성기준, 한성진
관리 | 김미란, 장혜정
디자인 | 석운디자인
표지그림 | 멀티비츠- 게티 이미지

펴낸곳 | 한겨레출판(주)
등록 | 2006년 1월 4일 제313-2006-00003호
주소 | 121-750 서울시 마포구 공덕동 116-25 한겨레신문사 4층
전화 | 영업관리 02)6383-1608~1604 기획편집 02)6383-1608
팩스 | 02)6383-1610
홈페이지 | www.hanibook.co.kr
이메일 | book@hanibook.co.kr

· 값은 표지에 있습니다.
· 파본이나 잘못된 책은 서점에서 교환하여 드립니다.

ⓒ 최재봉 2010
ISBN 978-89-8431-428-3 03810